Carsten Henn und Torsten Goffin

111 mal lecker essen in Köln

emons:

Mit Dank an Ralf Thomas,
ohne den es dieses Buch nicht geben würde.

Bibliografische Information der Deutschen Bibliothek
Die Deutsche Bibliothek verzeichnet diese Publikation
in der Deutschen Nationalbibliografie; detaillierte bibliografische
Daten sind im Internet über http://dnb.d-nb.de abrufbar.

© Emons Verlag GmbH
Alle Rechte vorbehalten
© alle Fotografien: Torsten Goffin, Carsten Henn, Gerd Henn, Stefanie Henn;
Kapitel 8: Bagatelle Südstadt, Gregor Kuhlmann
Gestaltung: Eva Kraskes, nach einem Konzept
von Lübbeke | Naumann | Thoben
Kartografie: Regine Spohner, altancicek.design, www.altancicek.de
Kartenbasisinformationen aus Openstreetmap,
© OpenStreetMap-Mitwirkende, ODbL
Druck und Bindung: CPI – Clausen & Bosse, Leck
Printed in Germany 2020
Erstausgabe 2013
ISBN 978-3-7408-1181-5
Aktualisierte Neuauflage Oktober 2020

Unser Newsletter informiert Sie
regelmäßig über Neues von emons:
Kostenlos bestellen unter
www.emons-verlag.de

Vorwort

Liebe Leserinnen und Leser,
auf zum Vierten! Schon wieder ist viel passiert in Sachen Genuss in Köln. Einige kulinarische Sterne sind für immer erloschen, andere dafür in frischem Glanz neu erstrahlt. Das einzig Verlässliche in der gastronomischen Landschaft dieser Stadt bleibt ihr Wandel – und die damit verbundene Vielzahl an Genüssen, die stets neu auf Entdeckung warten.

Auch diese vierte, aktualisierte und umfangreich überarbeitete Auflage unseres Buches ist den Jägern dieser verborgenen Schätze gewidmet. Vom Schwarzbrot mit Käse bis hin zu Kölschen Tapas hat Köln Ihnen eine Menge Köstlichkeiten zu bieten. Allesamt höchst unterschiedlich in der Machart und aus den verschiedensten Veedeln dieser Stadt – doch geeint durch ihre ganz besondere Qualität.

Natürlich hat jeder »seinen« Italiener, »seinen« Griechen, »sein« Brauhaus ganz fest ins Herz geschlossen. Bei 111 können nicht alle Lieblingslokale aller Kölner dabei sein. Unsere kleine Auswahl versammelt die Orte, die etwas Besonderes zu bieten haben. Kulinarisch Simpel-Geniales, besonders lecker Zubereitetes, Höhepunkte der Kochkunst mit ihrer oft ganz eigenen Geschichte.

Wir möchten Sie zur Entdeckungsreise quer durch die Stadt einladen! Ob am festlich gedeckten Tisch, an der Wurstbude, auf dem Schiff, im Zoo oder im Schokoladenmuseum – für Ihren Gaumen gibt es viele Schätze zu heben!

Ne schöne Jrooß
Carsten Henn & Torsten Goffin

111 Orte

1__ 485°
   Pizza wie in Neapel | 10
2__ 1980 – Café und Bánh Mì
   Streetfood auf vietnamesisch | 12
3__ A Caravela
   Späte Karriere einer Armenspeise | 14
4__ Alfredo
   Musik ist Trumpf | 16
5__ Astrein
   Ein junger Konservativer | 18
6__ Bäckerei Balkhausen
   Das Brot des Beigeordneten | 20
7__ Bäckerei Zimmermann
   Ein kulinarisches Traumpaar – Schwarzbrot mit Käse | 22
8__ Bad Ape
   The Art of Sandwich | 24
9__ Bagatelle
   Großartige Kleinigkeiten | 26
10__ Bai Lu Noodles
   Chongqing Express | 28
11__ Bar Celentano
   Pasta nicht nur für Tifosi | 30
12__ Bay Area Burrito Company
   Going to San Francisco | 32
13__ Bei Oma Kleinmann
   Neun Schnitzel | 34
14__ Bieresel
   Der Muschel-Spezialist | 36
15__ Braustelle
   Die innovativste Brauerei der Stadt | 38
16__ brot&butter
   Es gibt sie noch, die guten Stullen | 40
17__ Büyük Harran Doy Doy
   Authentisches rund um die Uhr | 42
18__ Café Schlechtrimen
   »Slow Baking« von der Schäl Sick | 44

19	Café Schnurrke
	Bauchkraulen inklusive	46
20	Café Wahlen
	Nostalgie in Blätterteig	48
21	Caruso Pasta Bar
	Limoncello vom Schmuggler	50
22	Christoph Pauls Restaurant
	Gans und gar	52
23	Dank Augusta
	Picknick im Park	54
24	Der Vierte König
	Ein alter Mönch aus Indien	56
25	Die fette Kuh
	Der Tabellenführer kommt aus dem Süden	58
26	Die Maultasche
	Die können alles, nur kein Hochdeutsch	60
27	Die Mehlwerkstatt
	Die Schnecke zum Wickel gemacht	62
28	Die Puszta-Hütte
	Absolute Konzentration aufs Wesentliche	64
29	Die Wohngemeinschaft
	Auf ein Süppchen bei Jojo	66
30	Em Golde Kappes
	Äzze, Bunne, Linse	68
31	Epi Boulangerie / Patisserie
	Ein Stückchen Frankreich	70
32	Epicerie Boucherie
	Nicht nur Polterabend in der Elsaßstraße	72
33	Essers Gasthaus
	Es wird a Hendl sein …	74
34	Ferkulum
	Drei Jahrzehnte im Zeichen des Schweins	76
35	Fischfeinkost Albert
	Backfisch für Besserschmecker	78
36	Freddy Schilling
	Mit gutem Gewissen kraftvoll zubeißen	80
37	Gernys Schnelleinkauf
	Der Tante-Emma-Imbiss	82
38	Ginger
	Hühnerfüße zur Vorspeise	84

39   Great Wall
China jenseits von Nummer 87 süßsauer | 86

40   Habibi
Die erste Falafel | 88

41   Hanse Stube
Kölns gute Stube | 90

42   Haus Scholzen
Der Ehrenfelder Senfrostbraten | 92

43   Henne Weinbar
Sharing is caring | 94

44   Hippodrom
A day at the races | 96

45   Hyatt
Der 5-Sterne-Brunch | 98

46   Il Gelato di Ferigo
Eis trifft Pumpernickel | 100

47   Jakubowski
Die Rückkehr des Sonntagsbratens | 102

48   Johann Schäfer
Brauhaus zwo-punkt-null | 104

49   Kantine Mazal Tov
Vielfältig koscher | 106

50   Karl Hermanns
Böhmermanns Best Burger | 108

51   L'Accento
Die Speise der Atheisten | 110

52   La Cuisine Rademacher
Dellbrück Cuisine | 112

53   La Fonda
Die Flönz macht sich schick | 114

54   Landhaus Kuckuck
Sag »Sie« zum Schnitzel! | 116

55   Landhaus Zündorf
Regional/saisonal auf kölsche Art | 118

56   LangerLenz
Lecker Frikadellchen | 120

57   La Société
Kölsche Tapas | 122

58   Le Moissonnier
Suppe mit Felsen | 124

59 — Limani
Suppe mit Aussicht | 126

60 — Little Link
(Nicht nur) Sandwiches für Barflys | 128

61 — Lommerzheim
Ko|te|lett, das | 130

62 — Lu
Eine Schüssel voller Liebe | 132

63 — maiBeck
A Star is born | 134

64 — Malzmühle
Kölner Veralberung | 136

65 — Maria Eetcafe
Fritten und Bier wie bei den Nachbarn | 138

66 — Markthalle Körnerstraße
Wo das Köftetier wohnt | 140

67 — Maximilian Lorenz
Rheinkiesel mit 4711 | 142

68 — Max Stark
Der Nierchen-Test | 144

69 — Meister Lampe
Kernkompetenz Spießbraten | 146

70 — Metzgerei Schmitz
Quiche as Quiche can | 148

71 — Mosaik Grill
Das Kebap für Besser-Esser | 150

72 — Moto Foodgarage
Burger mit Ferrari | 152

73 — MS Drachenfels
Der Panorama-Brunch | 154

74 — NeoBiota
Brunch ist tot | 156

75 — Nish Nush
Levante to go | 158

76 — Odessa
Die Seele des Borschtsch | 160

77 — Oruc Kebab
Wo selbst gebacken wird, da lass dich ruhig nieder | 162

78 — Ox & Klee
Überraschungsei | 164

79 — Päffgen
Sauer macht lustig | 166

80 — Pastelaria Luso
Portugal liegt zwischen Ehrenfeld und Nippes | 168

81 — Phaedra
Viel mehr als Mezze | 170

82 — Pigbull BBQ
Der äußere Schweinehund | 172

83 — Poisson
Austern galore | 174

84 — Poké Makai
Eine Schüssel Hawaii | 176

85 — Pottkind
Zum Liebhaben | 178

86 — Pure White
Das Produkt ist der King. | 180

87 — Rosticceria Massimo
Der Italiener, der mal ein Imbiss war | 182

88 — Royal Cupcakes
Köstliche Carla Bruni | 184

89 — Scherz
Kein Scherz | 186

90 — Schokomuseum
Bildung inklusive | 188

91 — Schreckenskammer
Fastenbrechen mit Gulasch | 190

92 — Selam
Ein Ausflug in eine alte kulinarische Kultur | 192

93 — Shanghai
Authentizität, vierzehnfach gefaltet | 194

94 — Silk Road
Marco Polos Reiseproviant | 196

95 — Stadtgarten Biergarten
Woran sich die Geister scheiden | 198

96 — Stecco Natura
Eis am Stiel | 200

97 — Sweet Sushi
Frische Fische fischt … | 202

98 — Taku
Pekingente in sechs Gängen | 204

99 — Tanoshii
The new asian style | 206

100 — Taverna Diogenis
Der Traditionsgrieche der Nordstadt | 208

101 — The Tasty Pasty
Die Urform des Streetfood | 210

102 — Tigermilch
Die Latino-Asia-Fusion | 212

103 — TörtchenTörtchen
Weiße Passion | 214

104 — Toscanini
Kölns beste Pizza Romana | 216

105 — Van Dyck
Die Espresso-Referenz | 218

106 — Wackes
Essen wie Gott … im Elsass | 220

107 — Wildlachs-Räucherei Bremer
Le saumon, c'est moi | 222

108 — Wo ist Tom?
Essen mit Lebenshilfe | 224

109 — Zen
Aal lecker, vormals giftig | 226

110 — Zimmermann's Reibekuchen
Streetfood auf kölsche Art | 228

111 — Zoo Köln
Bockwurst mit Elefant | 230

1_485°

Pizza wie in Neapel

»Thunfisch-Pizza 48,50 €« steht an der gekachelten Wand. Daneben ein Regalbrett mit Mais-Dosen. 485-Grad-Macher (und Spitzen-Sommelier) Sebastian Georgi hat einen ganz eigenen Humor – Dosenmais käme ihm nämlich nie auf die Pizza, denn er ist wahnsinnig qualitätsbesessen, und 48,50 Euro kostet hier Gott sei dank auch nichts.

Das kleine, schlauchförmige Restaurant wird beherrscht von einem imposanten Ofen, der auf ideale 485 Grad heizt. Der Slogan lautet »72 Stunden Teigruhe in 60 Sekunden gebacken«. Das Wasser für den Teig muss durch einen Filter, und das Mehl wird aus Italien importiert. Ergebnis: Das »485Grad« bietet Pizza der Extraklasse. Wobei es neapolitanische sind und nicht Pizzen römischer Art (mit dünnem, knusprigem Teig). Der neapolitanische Teig ähnelt mehr dem eines Brotes, der Rand sollte dank dunkler Flecken ein Leopardenmuster haben (eine Herausforderung für den Pizzaiolo), die Pizza ist angenehm weich und – Obacht – füllt ungemein. Viele Gedanken werden sich hier über den Belag gemacht. Bei der scharfen »Hellboy«-Pizza kommt unter anderem Chilihonig zum Einsatz. Das ist Spitzenküche auf Sterneniveau – mit Pizzen. Beeindruckend auch die Margherita, bei der die Qualität des Fior di Latte Mozzarella am besten zur Geltung kommt. Dazu werden hausgemachte Eistees und Limonaden angeboten, und dank Sebastian Georgi gibt es eine Weinkarte, die nicht weniger als atemberaubend und zudem fair kalkuliert ist.

Hier die Bedienungsanleitung für das »485 Grad«: Gehen Sie mit mindestens vier Personen, bestellen Sie zuerst zweimal Caprese 2.0 (denn solche Mozzarella-Qualität ist exzeptionell). Danach unterschiedliche Pizzen. Essen Sie nicht den Rand, lassen sie ihn sich für zu Hause einpacken (er schmeckt auch kalt sehr gut). Und statt eines (guten, schokoladigen) Desserts lieber noch eine Pizza! Geliefert wird übrigens auch!

Adresse Kyffhäuser Straße 44 und Bonner Straße 34, Tel. 0221/39753330 bzw. 93293148 | **Öffnungszeiten** Mo–Mi 12–22 Uhr, Do, So 12–22 Uhr, Fr–Sa 12–23 Uhr | **ÖPNV** Linie 9, Haltestelle Dasselstraße; Linie 15–17, Haltestelle Chlodwigplatz | **Internet** www.485grad.de

2 ⟶ 1980 – Café und Bánh Mì
Streetfood auf vietnamesisch

Mitten im gastronomisch unterversorgten Niemandsland zwischen Neumarkt und Barbarossaplatz findet sich in einem kleinen ehemaligen Eck-Imbiss eine verborgene kulinarische Perle: Das 1980 – Café und Bánh Mì.

Betrieben wird es zusammen mit seiner Frau Cam vom wohl talentiertesten vietnamesischen Koch in der Stadt: Hiep Hoa Lam. Schon vor Jahren glänzten beide im legendären Bep Viet mit feiner asiatischer Küchenkunst, und auch Karte und Rezepturen des höchst empfehlenswerten Joie Viet in der Lindenstraße wurden von ihm entscheidend geprägt. Im eigenen Etablissement konzentriert sich Lam nun vor allem auf den vietnamesischen Streetfood-Klassiker Bánh Mì – also Baguettes belegt nach vietnamesischer Art. Mit Schweinenacken und -Paté, Entenleber-Pastete, eingelegtem Rettich und Karotten, Gurken und Koriander. Aber auch Versionen mit Hähnchen oder Gambas und eine vegane Variante finden sich im Angebot.

Allen gemein ist das eigens für das 1980 mit einem Anteil Reismehl gebackene Baguette. Asiatische Authentizität mit einer unvergleichlichen Mischung aus fluffiger Krume und zart knuspriger Kruste ist das grandiose Ergebnis. Ebenfalls höchstes Lob verdienen die Süßkartoffel-Pommes frites, von denen nicht wenige gestandene Gastro-Profis behaupten, es seien die besten dieser Stadt. Auch uns begeistert Würzung und perfekte Zubereitung des sonst oft zur Matschigkeit neigenden Frittierguts. Eine vollwertige Mahlzeit – besser gesagt ein trinkbares Dessert – ist der vietnamesische Eiskaffee Ca Phe Sua Da. Ultrasüß kondensierte Dosenmilch trifft auf vietnamesischen Kaffee, beides wird zusammen mit einem großen Haufen Crushed-Eis im Glas serviert.

Neben den Standards wird das Angebot von Tagesgerichten ergänzt, bei denen Lam mit finessenreicher Würzung und kreativen Kombinationen unter Beweis stellt, wie viel Kochtalent in ihm steckt. Unbedingt probieren!

Adresse Bobstraße 28, Altstadt-Süd, Tel. 0221/60606860 | **Öffnungszeiten** Mo–Fr 11–22 Uhr, So 11–19 Uhr | **ÖPNV** Linie 1, 3, 4, 7, 9, 16, 18, Haltestelle Neumarkt | **Internet** www.cafe-1980.de

3 — A Caravela
Späte Karriere einer Armenspeise

Seit weit über 30 Jahren segelt die kleine Karavelle nun schon durch die Gewässer unweit des Barbarossaplatzes. Etwas zu versteckt gelegen, um viel Laufpublikum anziehen zu können, wartet das beste portugiesische Restaurant von Köln auf seine Kundschaft. Dass die trotzdem zahlreich kommt, und das seit so langer Zeit, ist ein recht eindeutiges Indiz dafür, dass die Gäste hier auf konstant hohem Niveau bekocht werden.

Eines der, wenn nicht gar *das* Nationalgericht Portugals ist Bacalhau, also mit Salz getrockneter Kabeljau, auch Stockfisch geheißen. Für den Aufstieg der Seefahrernation war er von entscheidender Bedeutung. Schließlich bot er eine einfache und unproblematische Möglichkeit, die Ernährung der Schiffsbesatzungen auch auf längeren Seereisen zu gewährleisten. Bis in die 60er und 70er Jahre hinein war Stockfisch in Portugal ein ausgesprochenes Arme-Leute-Essen (man konnte ihn lagern, selbst wenn man sich keinen Kühlschrank leisten konnte). Die sinkenden weltweiten Kabeljau-Bestände machen ihn aber mehr und mehr zu einer teuren Delikatesse. Trotzdem gibt es bis heute keine Nation, die davon pro Kopf mehr verzehrt als die Portugiesen.

Es heißt, die Portugiesen hätten mindestens 365 verschiedene Bacalhau-Rezepte – in nahezu jeder denkbaren Zubereitungs- und Darreichungsform. Immerhin fünf davon sind auf der Karte des »A Caravela« verzeichnet. Es gibt Pastéis (also Kroketten) zur Vorspeise, Bacalhau nach Art des Hauses mit Zwiebelsoße und frittierten Kartoffeln (frisch, nicht aus der Tiefkühltruhe), mit Strohkartoffeln, Zwiebeln und Rührei oder vom Grill mit Salzkartoffeln. Auf Anfrage und nur für zwei Personen steht dann noch eine gedünstete Variante mit Tomaten, Zwiebeln, Paprika und – was sonst – Kartoffeln zur Verfügung. Das sind zwar nicht genug für jeden Tag des Jahres – doch für einen Besuch im »A Caravela« reicht die Auswahl allemal.

Adresse Weyerstraße 61, Altstadt-Süd, Tel. 0221/245483 | **Öffnungszeiten** So–Fr 12–15 und 18–1 Uhr, Sa 18–1 Uhr | **ÖPNV** Linie 12, 15, 16, 18, Haltestelle Barbarossaplatz | **Internet** www.caravelakoeln.de

4 Alfredo
Musik ist Trumpf

Das »Alfredo« ist Kölns bester Italiener – und doch gehen einige nicht ausschließlich wegen des Essens hierhin. Zumindest freitags. Denn dann findet hier eine musikalisch-kulinarische Soiree statt. Inhaber und Chefkoch Roberto Carturan ist nämlich ausgebildeter Opernsänger, Bariton, um genau zu sein. Wie wohltönend seine Stimme ist, erfahren die Gäste schon, wenn er das Menü persönlich am Tisch vorstellt – Menükarten sind hier nicht angesagt. Freitags nach dem Dessert aber tritt er nach dem sechsgängigen Menü vor das Klavier und singt solo und im Duett mit jungen Sängerinnen der Kölner Musikhochschule Arien der italienischen Meister, aber auch mal was von Schubert oder Schumann.

Nach dem Genuss für den Gaumen nun also der fürs Ohr: Rundumservice »Alfredo«. Und wer auf schwarz-weißes, modern-schlichtes, aber dennoch nicht ungemütliches Interieur mit Chrom und Lamellen steht, dessen Augen kommen hier auch zu ihrem Recht. Ein bisschen mehr Metropole als kuscheliges Köln ist ja auch mal ganz schön.

1973 eröffnete der Vater des heutigen Besitzers das Ristorante, welches norditalienische Spitzenküche nach Köln brachte. Sein Name war: Alfredo. 1999 übernahm Sohn Roberto, und auch heute noch ist es ein Familienbetrieb, denn dessen Frau Susanne leitet abends den Service. Die italienische Küche ist – auch deutschlandweit gesehen – auf allerhöchstem Niveau. Vor allem was Carturan mit Fischen und Meeresfrüchten anstellt, ist großartig. Immer die superfrischen Zutaten in den Vordergrund stellend, nie schwer werdend, sondern fast federnd das Wesentliche, den Eigengeschmack der Zutaten subtil begleitend und erweiternd. Konzentrierte Kochkunst, nie zu viel Spökes. Genial ist die Kalbsleber mit Salbei oder der Wolfsbarsch mit Blumenkohl und Olive. Dazu gibt es eine sehr gute Weinkarte mit vielen Entdeckungen aus Italien. Und wer mag: grandiose Käse von Hansi Baumgartner aus Südtirol.

Adresse Tunisstraße 3 (Am Opernhaus), Altstadt-Nord, Tel. 0221/2577380 | Öffnungszeiten Mo–Fr 12–15 und 18–23.30 Uhr | ÖPNV Linie 3, 4, 5, 16, 18, Haltestelle Appellhofplatz | Internet www.ristorante-alfredo.com

5 Astrein
Ein junger Konservativer

»Junger Konservativer« klingt ein wenig nach Widerspruch in sich. Eric Werner beweist in seinem »Astrein«, dass es zumindest kulinarisch völlig problemlos geht – was auch daran liegt, dass er sein Handwerk dermaßen gut beherrscht. In diesem Bereich ist er einer der begabtesten Köche der jungen Garde in Köln. In der Essener »Résidence« erkochte er sich einst zwei Michelin-Sterne, im »Himmel un Äd« des Kölner Hotels im Wasserturm einen, dieses Kunststück gelang ihm auch auf Anhieb im »Astrein«. Hier wie dort war Werner ein Koch, der klassische, aufwendige Zubereitungsarten hochhielt. Das große Dschungelbild an der Wand ist deshalb mit Abstand das Modernste hier. Werners Küche hat auch nichts mit der aktuellen Nova-Regio-Bewegung zu tun, sondern mit einer globalisierten Spitzenküche, die sich ihre Produkte überall auf der Welt zusammensucht. Eine Feier der Edelzutaten, so wie beim Miyazaki Rind mit Morchel-Bohnensalat und Perigord-Trüffel, oder dem pochierten Hechtklos mit gleich zweierlei Kaviarsauce. In einer Gastro-Szene, die sich immer mehr auf Gemüse konzentriert, ist das schon ein echtes Alleinstellungsmerkmal – wobei Werner auch in diesem Bereich mit seinem vegetarischen Menü auftrumpft. Seine Küche zielt dabei stets auf Wohlgeschmack und Harmonie, Kontraste und Experimente sind nicht sein Ding.

Mittags wird ein günstiges 3-Gang-Menü angeboten, das zwar ambitioniert ist, aber natürlich nicht auf dem Niveau der regulären beiden Menüs (und auch ohne Amuse Bouche sowie Petit Fours auskommt). Doch es stellt den idealen Einstieg in Werners Küchenkosmos dar.

Die kleine Weinkarte bietet einiges Schönes. Dass Werners Restaurant nur wenige Meter von Kölns Platzhirsch »Le Moissonnier« entfernt liegt, mag man mutig finden, andererseits ist Werners Küche nicht mit der komplett eigenständigen von Großmeister Eric Menchon zu vergleichen.

Adresse Krefelder Straße 37, Neustadt-Nord, Tel. 0221/95623990 | **Öffnungszeiten** Di–Sa 12–14.30 und 18–21.30 Uhr | **ÖPNV** Linie 12, 15, Haltestelle Hansaring | **Internet** www.astrein-restaurant.de

6 Bäckerei Balkhausen
Das Brot des Beigeordneten

Streng genommen ist dies kein Gericht. Aber es gehört zu Köln, und wer es noch nie gegessen hat, steht in Gefahr, sein Aufenthaltsrecht zu verlieren. Die Rede ist vom Konrad-Adenauer-Brot. Der spätere Kanzler der jungen Bundesrepublik hat es tatsächlich erfunden. Damals war er allerdings noch Erster Beigeordneter der Stadt Köln. Es war zu Zeiten des Ersten Weltkriegs, als Adenauer für das Ressort Versorgung mit Lebensmitteln verantwortlich war und zusammen mit den Bäckerbrüdern Oebel ein dem »rheinischen Roggenschwarzbrot ähnelndes Schrotbrot« aus Maismehl entwickelte. Am 2. Mai 1915 bekam er sogar das Patent darauf. Das Brot sollte sättigen und aus Grundprodukten zu backen sein, die nicht knapp waren. In diesem Fall rumänischer Mais, Reis und Gerste. Die Bäckerei Balkhausen in der Apostelnstraße ist die einzige, die dieses auch als Kölner Brot, Notzeit- oder Kriegsbrot bekannte, essbare Zeitzeugnis heute noch anbietet. Allerdings leicht modernisiert, denn das Original schmeckt nach kurzer Zeit trocken und fade. Unter anderem sind ganze Maiskörner dazugekommen, an denen man das Conny-Brot nun auf Anhieb erkennt. Kommt man aus der Bäckerei und schaut Richtung St. Apostelnkirche, sieht man dort ein Standbild vom Broterfinder, der ja später auch Kölner Oberbürgermeister wurde.

Balkhausen bietet insgesamt 40 verschiedene Brötchen und 80 verschiedene Brotsorten an. Unter anderem Tiroler Roggenbrot und dänisches Schwarzbrot, Wikingerbrot, Kartoffelbrot, Linsenbrot. Aber auch süße Sachen wie Weckmänner, Nussecken, Schweinsohren, Rumkugeln und Kuchen gibt es hier. Es duftet herrlich, und allein die Auslage anzuschauen, ist ein Genuss: Die noch aus den 50er Jahren stammenden braunen Holzregale sind mit Köstlichem gefüllt. Das versüßt einem im wahrsten Sinne des Wortes die Wartezeit, denn der kleine Laden ist häufig rappelvoll, vor allem mittags und samstags.

Adresse Apostelnstraße 27, Altstadt-Nord, Tel. 0221/2570264 | **Öffnungszeiten** Mo–Mi und Fr 6.30–19 Uhr, Do 6.30–20 Uhr, Sa 6.30–18 Uhr | **ÖPNV** Linie 1, 3, 4, 7, 9, 16, 18, Haltestelle Neumarkt

7 Bäckerei Zimmermann
Ein kulinarisches Traumpaar – Schwarzbrot mit Käse

Fragt man Menschen, die sich in kulinarischen Dingen auskennen, nach dem besten Schwarzbrot in der Stadt, so erhält man in aller Regel stets die gleiche Antwort: Das von Zimmermann gilt weit und breit als die Nummer eins.

Auch die anderen Erzeugnisse des Hauses sind hervorragend – wir empfehlen an dieser Stelle eindringlich, es beispielsweise einmal mit der kölschen Antwort auf das Croissant, dem Butterhörnchen, zu versuchen – doch das Schwarzbrot spielt in einer ganz eigenen Liga. Seit fünf Generationen wird es in dem Haus an der Ehrenstraße, das im Jahr 1885 von Caspar Zimmermann begründet wurde, gebacken. Heute zeichnen die Brüder Markus und Andreas Zimmermann für das Angebot verantwortlich.

So ist es dann auch kein Zufall, dass andere auf kulinarische Qualität bedachte Betriebe bei Rezepturen mit Schwarzbrot gern auf das Produkt aus der Ehrenstraße zurückgreifen. Beispielsweise die Natur-Metzgerei Hennes, die es in einer ihrer Leberpasteten verwendet. Ballaststoffreich ist es, von kräftigem Geschmack und zuweilen durchaus Kiefer-fordernder Konsistenz. Die im Detail bis heute geheim gehaltene Rezeptur sieht vom Roggenkorn bis zum fertig verpackten Brot eine Produktionsdauer von stolzen 48 Stunden vor. Und Zuckercouleur, so viel wird dann doch verraten, gehört definitiv nicht zu den Ingredienzien.

An Exil-Kölner verschickt die Bäckerei inzwischen auch per Post – bis in die USA. Wer die Qualitäten des Brots entdecken möchte, braucht übrigens nicht gleich zu einem ganzen Päckchen mit dem unverkennbaren Silberpapier zu greifen. Denn bei Zimmermann werden auch – sorgfältig in Frischhaltefolie verpackt – fertig belegte Brote verkauft. Die Käse dafür stammen von schräg gegenüber, nämlich aus dem Käsehaus Wingenfeld. Das beste Schwarzbrot trifft auf Käse vom besten Händler der Stadt – a match made in heaven …

Adresse Ehrenstraße 75, Altstadt Nord, Tel. 0221/255632 | **Öffnungszeiten** Mo–Fr 6–19 Uhr, Sa 5–16 Uhr | **ÖPNV** Linie 1, 7, 12, 15, Haltestelle Rudolfplatz | **Internet** www.baeckereizimmermann.de

8 Bad Ape
The Art of Sandwich

Das Sandwich ist einer der letzten Fast-Food-Klassiker, denen ein begabter Koch zu höheren kulinarischen Weihen verholfen hat. Der Legende nach wurde der britische National-Snack nach dem 4. Earl of Sandwich benannt. Er soll sich 1762 während eines stundenlangen Kartenspiels sein Essen zwischen zwei Brotscheiben bestellt haben, um nicht unterbrechen zu müssen. Ein Mitspieler wollte daraufhin ebenfalls »ein Brot wie Sandwich«. Vermutlich ist die Geschichte Humbug – ganz im Gegensatz zu dem, was im Bad Ape serviert wird. Eigentlich gibt es in dem winzigen Lokal in der Alten Wallgasse keine Sandwichs, sondern Apewichs mit eigens kreiertem Brot. Entwickelt haben diese Eileen Lehr und ihr Lebensgefährte Moritz Ochsenbauer. Toll zum Beispiel ihr Ox-Apewich mit zarter, 36 Stunden lang geschmorter Ochsenbrust, dezent süßen Schmorzwiebeln, knackigem Gewürz-Rettich, Erbsencreme und Gremolata. Oder das Smoked Chicks Apewich mit sanft geräuchertem Sous-vide-Hähnchen, Rotkohlsalat mit Biss, Papaya, Mango, Sesam-Aioli, Mandeln und Pinienkernen. Ape's Veggie Dream bietet (natürlich) hausgemachte Veggie-Balls in Honig-Kürbis-Sauce, Hummus, Rauke, Mandeln und Sesam-Mayo. In der Salatvitrine findet man jeden Tag neue Salatvariationen – pardon Salapes mit teilweise ungewöhnlichen Zutaten, wie zum Beispiel beim Black Quinoa-Süßkartoffel-Physalis-Salat.

Suppen gibt es auch, und ja, die heißen nicht Supapes. Oder Apepes. Die heißen einfach Suppen. So handlich das Sandwich, so klein der Laden. Geradezu winzig, eben mal 15 Quadratmeter. Es gibt begehbare Kleiderschränke, die größer sind. Von außen ist er unscheinbar, nur ein glänzender Affe zeigt, wo es das hervorragende Affenfutter gibt. Doch finden sich fast durchgehend Leute davor, die ein Apewich an der frischen Luft genießen und so den Hungrigen den Weg weisen.

Adresse Alte Wallgasse 2a, Altstadt-Nord, Tel. 0178/4006592 | **Öffnungszeiten** Mo–Sa 10.30–18.30 Uhr | **ÖPNV** Linien 3–5, 12, 15, Haltestelle Friesenplatz | **Internet** www.bad-ape.de

9 Bagatelle
Großartige Kleinigkeiten

»Die Reservierung auf Peter Mertes«, sage ich. »Ich schreib Peter«, kommt es vom anderen Ende der Leitung. Die »Bagatelle« (französisch für »Kleinigkeit«) liegt in der Südstadt, Siezen wird als Beleidigung angesehen. Es geht locker zu in dem Restaurant, das eingerichtet ist, als säße man bei französischen Freunden in der Küche. Stühle und Tische passen nicht zusammen, Kochutensilien hängen von der Decke, auf der Toilette Asterix-Comics. Und wenn Sommer ist, sitzt man draußen wie in Paris.

Wenn sich der Erfolg eines Restaurants an seiner Vermehrung misst, dann ist die »Bagatelle« eine der gastronomischen Hits der letzten Jahre in Köln. Mittlerweile gibt es das Lokal nämlich gleich vier Mal – sogar in Rösrath. Das Rheinland scheint auf das Konzept, französische Klassiker in Tapas-Größe zu servieren, gewartet zu haben. Es macht aber auch unglaublich Spaß, vor allem in einer Gruppe, das Essen zu teilen, und überall mal zu probieren.

Es gibt rund 50 kleine Gerichte auf der Karte (plus Tagesangebote), zum Beispiel Coq au Vin (zwei Hühnchenkeulen), Bœuf bourguignon im Krüstchen (also stilecht in Suppentasse mit Löwenköpfen), Schnecken wie im Elsass, ein kleines Cordon Bleu, bretonische Fischfrikadellen oder auch vegetarische »Bagatellen«. Natürlich auch Käse und ein paar Nachtische.

Auch Vegetarier werden glücklich mit Ratatouille gratinée, angenehm pikant und mit Schafskäse überbacken, oder den herrlich knusprigen »Quenelles de Baguettes«, eine Art in Scheiben geschnittener Baguetteknödel mit Bärlauch auf Tomaten-Sugo.

Vom Fass fließt neben Kölsch und Pils sogar Leffe Bruin und Allgäuer Büble Edelbräu. Ein wenig Wein gibt es auch – fast ausschließlich aus Deutschland und Frankreich. Zum Beispiel Silvaner von Wittmann oder Scheurebe von Kühling-Gillot – beides top. Das »Bagatelle« ist auch deshalb völlig zu recht häufig rappelvoll.

Adresse Teutoburgerstraße 17, Südstadt, Tel. 0160/99445267 | **Öffnungszeiten** Mo – Fr 17 – 1 Uhr, Sa – So 12 – 24 Uhr | **ÖPNV** Linie 15 – 17, Haltestelle Chlodwigplatz | **Internet** www.bagatelle.koeln

10 Bai Lu Noodles
Chongqing Express

In der deutschen Wahrnehmung der chinesischen Küche spielen Suppen zumeist nur eine untergeordnete Rolle. Allenfalls noch als – neben der Frühlingsrolle – ungeliebte Vorspeisen-Option »B« beim Mittagsmenü finden sie Beachtung. Ein großes Versäumnis, denn in vielen Küchen Asiens ist die Nudelsuppe ein hochgeschätzter und fixer Bestandteil der kulinarischen Identität: Pho in Vietnam, Udon und Ramen in Japan – und auch China hat Nudelsuppen zu bieten, die mit den rötlich eingefärbten Glutamat-Lösungen der 08/15-China-Restaurants allenfalls noch die Serviertemperatur gemein haben.

Ein Beispiel dafür, welche hervorragend kulinarische Qualität die Nudelsuppe auch in der chinesischen Küche haben kann, findet sich im Bai Lu in der Palmstraße. Schon beim Betreten der kleinen Suppenküche zeigt sich der erste Hinweis darauf, dass hier etwas anders ist, als beim Standard-Chinesen. Denn der helle, aufgeräumt wirkende Gastraum entbehrt praktisch aller folkloristischen China-Imbiss-Insignien wie Lampions, Drachen oder Kork-Schnitzereien.

Ähnlich schnörkellos wie das Ambiente ist auch die Karte. Brühe auf Rinder-, Hühner oder Gemüsebasis trifft auf selbst gemachte Weizen-Bandnudeln, Reisnudeln oder Maultaschen. Dazu ein paar Kleinigkeiten als Vorspeise – einmal Tapiokamehl-Glasnudeln mit Hack, einmal vegan, und drei authentisch chinesische Desserts, fertig. Die Karte des Bai Lu beschränkt sich, um die Gerichte, die angeboten werden, in der bestmöglichen Qualität auf den Tisch bringen zu können.

Abschließend noch eine Warnung: Authentizität der Küche lautet die Maxime von Bai Lu Gründerin Xue Bai. Das hat auch zur Folge, dass das Attribut »scharf« hier nicht verweichlichten europäischen Gaumen angepasst ist, sondern sich am Verständnis der von rotem Chili und Sichuan-Pfeffer geprägten Chongqing-Küche orientiert. Wo hier »scharf« draufsteht, ist auch »scharf« drin!

Adresse Palmstraße 41, Altstadt-Nord, Tel. 0221/78948128 | **Öffnungszeiten** (Küche) Mo–Do 11.30–23 Uhr, Fr–Sa 11.30–23 Uhr | **ÖPNV** Linie 3–5, 12, 15, Haltestelle Friesenplatz | **Internet** www.bai-lu-noodles.business.site

11 Bar Celentano
Pasta nicht nur für Tifosi

Innen, im Gastraum, wacht von einem lebensgroßen Poster aus mit gütigem Lächeln der namensgebende Schutzpatron Adriano über die Tische. Vor einigen Jahren noch war es die höchst seltene Ausnahme, dass in der Bar Celentano Deutsch gesprochen wurde. Gäste, Personal, Fernsehprogramm – alles hier war strikt italienisch, und der Fokus lag eindeutig auf dem Sport.

Der spielt zwar immer noch eine große Rolle, aber die kleine Eckkneipe in der Nordstadt hat in den letzten Jahren eine ganz behutsame Neuausrichtung erfahren. Aus der vorher typischen Sportsbar von Italienern für Italiener ist ein Restaurant fürs ganze Veedel geworden.

Nun ist die mehrheitlich an den Tischen gesprochene Sprache Deutsch, und alteingesessene Nordstädter sitzen brav neben medienschaffenden Hipstern und studieren aufmerksam das Tagesangebot. Fischsuppe, Spaghetti scoglio (also mit Muscheln und Meeresfrüchten) und Desserts verheißt die handgeschriebene Kreidetafel. Alles ist günstig, gut und empfehlenswert.

Aber unser eigentlicher Tipp ist etwas anderes: Hier gibt es nämlich auch einen kleinen typisch süditalienischen Mittagssnack, so wie wir ihn aus Sizilien und Kalabrien kennen. »Arancini«, wörtlich übersetzt »kleine Orangen«, heißen die Köstlichkeiten, die aber mit Zitrusfrüchten nur die golden-orange Farbe gemein haben. In Wahrheit handelt es sich um mit Mehl, Ei und Semmelbröseln panierte und frittierte Reisbällchen, gefüllt mit »Ragù« – in etwa das, was in Deutschland gemeinhin als Bolognese bezeichnet wird – oder auch gern mit Auberginen und/oder Mozzarella. Neben der Füllung wird der Geschmack dieser Ballen intensiv geprägt vom Safran, mit dem zusammen der Rundkornreis gekocht wurde. Er verleiht den Arancini auch die typische gelbe Farbe im Inneren und verweist – genau wie seine Verbreitung vor allem in Süditalien – auf die Herkunft dieses Gerichts aus dem arabischen Raum.

Adresse Maybachstraße 148, Neustadt-Nord, Tel. 0221/7393004 | **Öffnungszeiten** (Küche) Mo–So 12–22.30 Uhr | **ÖPNV** Linie 12, 15, Haltestelle Hansaring | **Internet** www.barcelentano.de

12 Bay Area Burrito Company

Going to San Francisco

Das, was man in den Mainstream-Partyfood-Restaurants, zum Beispiel auf den Ringen, als Burrito erhält, hat mit dem Original so viel gemeinsam wie Tüten-Püree mit selbst gestampftem. Doch Aficionados wissen, wo sie hinmüssen: zu Bay Area Burrito.

Der texanische Chef des Ladens, Jon Marshall, kam einst nach Deutschland, um Baseball zu spielen, und blieb dann wegen der Liebe. Sein Ziel ist es, den San Francisco Style Burrito mit deutschen Produkten anzubieten. Dieser ist besonders prall gefüllt, da neben Fleisch, Bohnen und Käse auch Reis, Sour Cream und Guacamole stramm in 30 Zentimeter große Weizentortillas eingedreht werden. Es erfordert einige Übung, die riesigen Burritos in dem Imbiss mit seinem schlicht-modernen Interieur und den vielen Schwarz-Weiß-Fotografien der Bay Area ohne größere Kleckerei zu essen –, den Amerikanern gelingt dies hier deutlich besser.

Der Preis dafür ist stattlich, aber fraglos ist man danach satt. Und die Zutaten stimmen: Das Schweinefleisch, Carnita, wird über Nacht bei Niedrigtemperatur geschmort und dann »gezupft« (Pulled Pork), das Barbacoa (Shredded Beef) ist die karibische Zubereitungsart von Rindfleisch, von welcher sich der Begriff »Barbecue« ableitet, die Guacamole ist nicht gestreckt und von der Hass-Avocado, die als Königin ihrer Art gilt. Außerdem gibt es Cilantro-Lime-Reis (mit Koriander und Limette), und die Bohnen werden selbst im Ofen gebacken (schwarze und typisch mexikanische Pinto-Bohnen). Alle Salsas und Marinaden sind hausgemacht.

Die Frische der Zutaten schmeckt man bei jedem Bissen, doch erst in Kombination mit den scharfen Soßen wie Corn Salsa und besser noch Salsa Roja stellt sich das richtige Mexiko-Gefühl ein. Serviert werden sie eingewickelt in Alufolie in kleinen schwarzen Körbchen. Außer Burritos gibt es nicht viel. Reicht aber völlig.

Adresse Friesenwall 16–18, Altstadt-Nord, Tel. 0221/16823024 | **Öffnungszeiten** Mo–Sa 12–22 Uhr | **ÖPNV** Linie 1, 7, 12, 15, Haltestelle Rudolfplatz | **Internet** www.bayareaburrito.de

13 _ Bei Oma Kleinmann
Neun Schnitzel

»Bei Oma Kleinmann« ist Schnitzel. Schnitzel ist »Bei Oma Kleinmann«. Punkt. Zumindest in Köln. Bis 1999 hieß die Gaststätte im Kwartier Latäng noch »Zum Goldenen Krug«, dann wurde sie in »Bei Oma Kleinmann« umgetauft – weil das ohnehin jeder sagte. 2009 starb Oma Kleinmann mit 95 Jahren, fast bis zu ihrem Tod schälte sie täglich eimerweise Kartoffeln. Es gibt sogar ein Buch über sie von Helmut Frangenberg: »Oma Kleinmann. Geschichten und Rezepte aus dem Kwartier Latäng«. Der schwarze Scherenschnittkopf auf weißem Grund über dem Eingang sieht aus wie eine Brosche und erinnert heute noch an sie.

Aber jetzt zu den Schnitzeln. Es gibt bunten Salatteller mit kleinem Schnitzel, es gibt Schnitzel »Jäger Art«, »Zigeuner Art«, »Holzfäller Art«, »Westfälische Art«, »Bombay« (Curry-Ananassoße), »Balkan« (mit Zwiebeln, Ajwar, Kräuterschmand) und »Royal« (mit Camembert, Preiselbeeren). Und natürlich »Wiener Art« (kein Wiener Schnitzel, sondern eines »Wiener Art«). Groß sind sie alle und kommen immer mit Pommes oder Bratkartoffeln sowie Salat. Die Soßen sind hausgemacht. Es gibt auch einen Schnitzelpass – mit dem zwölften Schnitzel bekommt man das 13. umsonst. Es existiert auch eine wöchentlich wechselnde Abendkarte, aber zur Oma geht man wegen der Schnitzel. Und von Oktober bis Dezember auch wegen der dreigängigen Gänsemenüs.

Es gibt Sünner Kölsch und für danach unter anderem Sünner Akrobat und Kabänes. Obwohl »Bei Oma Kleinmann« mehrere Dutzend Sitzplätze hat, ist eine Reservierung sinnvoll. Es gibt den (lauten) Thekengastraum und das (leisere) Sälchen. Die Inneneinrichtung ist rustikal und schlicht: Holzboden, Holztische, Holzstühle, alte Leuchter, ein bisschen Jäger-Feeling durch Trophäen und Geweihe. Ein Kleinod in der Zülpicher Straße, wo so viele andere Kneipen inzwischen verschwunden sind. Das Publikum bei der Oma ist bunt gemischt. So gute Schnitzel mag halt jeder!

Adresse Zülpicher Straße 9, Neustadt Süd, Tel. 0221/232346 | **Öffnungszeiten** Di–So ab 17 Uhr | **ÖPNV** Linie 9, 12, 15, Haltestelle Zülpicher Platz | **Internet** www.beiomakleinmann.de

14 Bieresel
Der Muschel-Spezialist

Köln ist eine sehr alte Stadt, man ist hier stolz auf seine lange Geschichte, und die große Rolle, die Tradition und Brauchtum spielen, ist sprichwörtlich. Zum Thema Muscheln heißt es auch hier, dass man sie nur in den Monaten, die ein »r« in ihrem Namen enthalten, zu sich nehmen sollte. Daran hat auch die moderne Kühltechnik, die diese althergebrachte Regel inzwischen eigentlich unnötig gemacht hat, nichts geändert.

Andererseits ist man als Kölner seit jeher gewohnt, als über Gebühr beschränkend empfundene Grenzen nicht als absolut, sondern eher als eine Art obrigkeitlichen Serviervorschlag zu verstehen. Und so ist es nach kölschem Verständnis logisch, dass die Monate mit »r« hierzulande schon am 11. August beginnen.

Auch in »Kölns ältestem Muschelhaus« startet dann die Saison. Hier sieht man sich aber noch ganz anderen Traditionen verpflichtet, denn schon im Jahre 1297 (nein, das ist kein Zahlendreher!) soll sich an der Breitestraße eine Gaststätte »Zum Esel« befunden haben. Im Jahre 1414 wurde man in die Zunft der Brauer aufgenommen, der weitere Verlauf der durchaus wechselvollen Geschichte lässt sich im Wikipedia-Eintrag zum Haus, heute im Besitz der Sünner-Brauerei, problemlos nachlesen. Auf Muscheln spezialisiert hat sich der Bier-Esel – der Freundschaft zu einem Muschel-Produzenten sei Dank – Anfang des letzten Jahrhunderts. Und bis heute gilt er als *der* Ort zum Muschel-Essen in Köln.

Über 20 Zubereitungsformen weist die Karte in der Saison aus, von denen die traditionelle »Rheinische Art« – also in einem Sud von buttergedünstetem Wurzelgemüse gedämpft, mit Weißwein abgelöscht und von einer dick gebutterten Scheibe Schwarzbrot begleitet – mit Abstand die meistbestellte sein dürfte. Auch wir zeigen uns hier meist als Traditionalisten und nehmen uns die Experimentierfreude dann für den nächsten Besuch vor. Und zwar jedes Mal aufs Neue …

Adresse Breite Straße 114, Altstadt-Nord, Tel. 0221 / 2576090 | Öffnungszeiten (Küche) Mo–So 11.30–24 Uhr | ÖPNV Linie 3, 4, 5, 16, 18, Haltestelle Appellhofplatz

15 Braustelle

Die innovativste Brauerei der Stadt

Seit dem Jahr 2001 arbeitet in einer kleinen ehemaligen Eckkneipe an der Venloer Straße Kölns kleinste, aber auch innovativste Brauerei. Gebraut wird ein obergäriges Helles namens »Helios«, ein »Ehrenfelder Alt« (der Braumeister Peter Esser stammt aus Düsseldorf) sowie ein »Helios Weizen«.

Seit geraumer Zeit findet sich aber auch Ausgefalleneres, darunter milchsäurevergorene Biere, hierzulande jahrhundertelang eigentlich der Standard, ebenso wie beispielsweise Ale mit Hibiskusblüten und Starkbiere, die mit Röstmalz oder mit besonders aromatischen Hopfensorten gebraut werden. Mit Sebastian Sauer steht Peter Esser hierbei einer der bestinformierten und -vernetzten Kenner der weltweiten Szene kleiner und unabhängiger Brauereien zur Seite.

Zu essen gibt es in der Braustelle natürlich auch. Wir wollen hier aber nicht die Brauhaus-Klassiker wie Gulasch, Bratwurst oder Haxe hervorheben, sondern die Aufmerksamkeit auf ein sonst gern unterschätztes Detail lenken. Denn ähnlich innovativ und undogmatisch wie man sich beim Bier-Angebot zeigt, geht es auch beim Brot zu: Das ist in der Braustelle nämlich ein ganz besonderes. Es wird täglich frisch vor Ort gebacken, und zwar aus den beim Brauen anfallenden, ausgekochten und – gepressten Malzrückständen – dem Treber.

Treberbrot ist nicht nur kräftig und hocharomatisch, es ist auch sehr ballaststoffreich und ausgesprochen bekömmlich. In der Braustelle wird es zu vielen Speisen gereicht. Wer es einfach so probieren möchte, bestellt eine Portion mit Butter oder Griebenschmalz. Wer sich ausgiebiger mit dem Brot beschäftigen will, wählt den Brotzeitteller. So oder so – wir raten eindringlich, dazu eine der Brauspezialitäten zu versuchen. Denn abseits der ausgetrampelten Pfade des Reinheitsgebots warten auf den Entdeckungswilligen in Ehrenfeld einige hochspannende kulinarische Überraschungen.

Adresse Christianstraße 2, Ehrenfeld, Tel. 0221/2856932 | **Öffnungszeiten** Mo–So 18–1 Uhr | **ÖPNV** Linie 3, 4, Haltestelle Leyendeckerstraße | **Internet** www.braustelle.com

16 brot&butter

Es gibt sie noch, die guten Stullen

Es gibt wenig, das so einfach herzustellen ist und gleichzeitig so viel kulinarische Freude bereitet wie ein gutes Butterbrot. In Kölns gastronomischem Angebot ist es trotzdem eine absolute Rarität. Sandwichs, Ciabatta und Tramezzini gibt es zuhauf und an nahezu jeder Ecke. Aber eine einfache, gute Stulle? Womöglich gar auf herzhaftem Sauerteigbrot? Fehlanzeige – fast egal, wohin man schaut.

Ausgerechnet dem Bistro eines Versandhauses bleibt es vorbehalten, diese Lücke in der kulinarischen Versorgung der Stadt zu schließen: Im Kölner Baudenkmal Disch-Haus werden vom Gastro- und Lebensmittel-Ableger »brot&butter« des Edel-Warenhauses »Manufactum« Butterbrote von außerordentlich bemerkenswerter Qualität serviert. Schon das zugrunde liegende Brot allein gleicht einer Offenbarung: Die Krume ist geprägt von intensivem Roggenaroma und deutlich säuerlichem Geschmack, die Kruste tiefdunkel und knusprig – die Brot gewordene Antithese zur labbrigen Beliebigkeit heutiger Großbäckerei-Erzeugnisse. Gebacken wird es täglich frisch vor Ort im Steinofen, der Sauerteig dafür reift in traditionell langer Teigführung über 24 Stunden. Egal, ob einfach nur mit Butter oder Quark bestrichen oder mit Rohmilchkäse, handwerklich produzierter Wurst oder Schinken belegt – es handelt sich um eine absolut unterschätzte Delikatesse.

Als Getränk dazu empfehlen wir ein Glas Cola. Denn auch die verdient besondere Beachtung: Als in den 80er Jahren »Afri-Cola« ihre Rezeptur wechselte, wollten einige Stammkunden trotzdem nicht auf den gewohnten Geschmack verzichten – und ließen kurzerhand unter dem Namen »Premium-Cola« eine eigene Brause nach weitgehend alter Rezeptur abfüllen. Was als einmalige Aktion gedacht war, endete in einem kleinen, aber stetig wachsenden Unternehmen. »brot&butter« ist heute einer der wenigen Orte in der Stadt, wo man den Original-Geschmack der Ur-Kölner Marke »Afri« noch erleben kann.

Adresse Brückenstraße 23, Altstadt-Nord, Tel. 0221/29942360 | **Öffnungszeiten** Mo–Fr 9.30–19 Uhr, Sa 9.30–18 Uhr | **ÖPNV** Linie 3, 4, 5, 16, 18, Haltestelle Appellhofplatz | **Internet** www.brot-und-butter.de

17   Büyük Harran Doy Doy
Authentisches rund um die Uhr

Die Antwort auf die Frage, welche denn die türkischste aller Straßen Kölns ist, ist recht leicht zu geben. Auch wenn sich die Kalker Hauptstraße oder die Weidengasse am Eigelstein alle Mühe geben, zum Tabellenführer aufzuschließen – die Keupstraße in Mülheim gewinnt diesen Wettbewerb mit Leichtigkeit. Nirgendwo ist die Dichte türkischer Restaurants in Köln größer, nirgendwo ist das, was sie anbieten, authentischer.

Vor allem wer Gerichte abseits des üblichen Döner-Programms sucht, ist mit einem Besuch der Keupstraße gut beraten. Das Büyük Harran Doy Doy ist wegen seiner Nähe zu E-Werk und Palladium vielen Konzertgängern und Nachtschwärmern ohnehin als Spätnahrungsquelle bekannt – es gibt keine Ruhetage oder -zeiten, das Lokal hat rund um die Uhr geöffnet. Die Karte ziert beispielsweise eine Suppe, die wir allen kulinarisch Unternehmungslustigen eindringlich ans Herz legen: »Kelle Paça« heißt sie, was wörtlich übersetzt so viel wie Kopf und Fuß bedeutet und ziemlich präzise beschreibt, woraus der Fond für diese Suppe gekocht wird – nämlich aus gesäuberten Lammköpfen und -füßen. Zugegeben: Die Vorstellung ist nicht jedermanns Sache. Aber wer weiß, woraus in Deutschland oder Frankreich die so vornehm klingende Soßenbasis Demiglace gekocht wird, der sollte damit eigentlich keine Probleme haben.

Die Suppe selbst jedenfalls ist eine sehr feine Angelegenheit. Den Gast erwartet eine dicht-intensive Lammbrühe, die mittels Eigelb und etwas Mehl leicht gebunden und mit Zitronensaft und scharfem Öl moderat gewürzt wurde. Wem Säure oder Schärfe nicht ausreicht, der findet auf einem kleinen Tellerchen Material zum Nachwürzen. Als durchaus großzügig bemessene Einlage finden sich kleine Stückchen von butterzart gegarten Lammbäckchen im Teller. In Kombination mit Fladenbrot eine sättigende Vorspeise oder eine Zwischenmahlzeit und echte Köstlichkeit dazu.

Adresse Keupstraße 40–42, Mülheim, Tel. 0221/9224347 | **Öffnungszeiten** täglich 7–6 Uhr | **ÖPNV** Linie 4, Haltestelle Keupstraße | **Internet** www.buyukharran-doydoy.de

18 Café Schlechtrimen
»Slow Baking« von der Schäl Sick

Von den aus Süddeutschland stammenden »Immis« in dieser Stadt ist eine Klage oft zu hören, nämlich, dass es um den Standard des hierzulande erhältlichen Laugengebäcks nicht allzu gut bestellt sei. Und tatsächlich, wer schon einmal das Vergnügen hatte, wirklich gute Brezn oder Laugenstangen aus bayrischen, badischen oder auch schwäbischen Bäckerhänden zu verzehren, der kann dieses Lamento durchaus nachvollziehen. Das Rheinland mag mit Muzemandel, Röggelchen und Schwarzbrot (siehe Seite 22) echte Höhepunkte des Bäckerhandwerks zu bieten haben – die mit vierprozentiger Natronlauge übergossene Backspezialität gehört allerdings definitiv nicht dazu.

Doch natürlich gibt es wohltuende Ausnahmen. Die an der Kalker Hauptstraße gelegene Bäckerei Schlechtrimen ist eine. Ob es denn wirklich die allerbesten Laugenstangen der Stadt sind, die hier verkauft werden, dieses Urteil würden wir im Zweifel lieber jemandem überlassen, der den Geschmack dieses Backwerks mit der Muttermilch eingesogen hat. Wir als gebürtige Rheinländer fühlen uns da eher weniger berufen. Aber so weit legen wir uns dann doch fest: Viele wird man nicht finden, die an die Qualität der Laugenstangen von der Schäl Sick heranreichen. Was sicher nicht zuletzt daran liegt, dass der inzwischen in dritter Generation in Kalk produzierende Familienbetrieb sich besonderen Werten verpflichtet sieht. Im Viertel ist man auf vielfältige Weise gesellschaftlich engagiert. Und in der Backstube verzichtet man bewusst auf Backmischungen und Zusatzstoffe und arbeitet mit aufwendig langen, dafür aber viel Aroma produzierenden Teigreifezeiten. Schon 2006 war man daher als einziger Betrieb Kölns »slow-baking«-zertifiziert.

Und auf noch eine Zertifizierung kann Schlechtrimen nach Überprüfung durch ein Institut stolz verweisen: Die Erzeugnisse sind nach islamischem Recht als Halal (rein) anzusehen.

Adresse Kalker Hauptstraße 210, Kalk, Tel. 0221/9871721 | **Öffnungszeiten** Mo–Fr 6–18.30 Uhr, Sa 6–14 Uhr, So 7.30–17 Uhr | **ÖPNV** Linie 1, 9, Haltestelle Kalk Kapelle | **Internet** www.schlechtrimen.de

19 Café Schnurrke
Bauchkraulen inklusive

Tiga ist im Kundenservice tätig, aufgewachsen ist sie auf den Straßen von Orihuela in Südspanien. Sie hat wunderschöne Augen, ein getigertes Fell – und ist eine Katze. Tiga liebt es auf einem Schoß zu liegen, ihre Kollegin Emma bevorzugt dagegen Bauchkraulen. Damit ist sie wohl die einzige Angestellte eines Kölner Cafés, bei der Gäste das ausdrücklich dürfen. Das Café Schnurrke ist aber auch Kölns einziges Katzencafé. Das hier etwas anders ist, merkt man schon am Eingang. Eine Schleuse verhindert, dass die Bewohnerinnen ausbüchsen. Und Hunde müssen natürlich leider draußen bleiben.

Wer im Café Tierquälerei vermutet, kann beruhigt sein. Es gilt: Alles kann, nichts muss. Die vierbeinigen Bewohner haben Rückzugsorte, an die kein Gast ihnen folgen kann. Wenn die Katzen im Café sind, dann, weil sie dort sein möchten. Bedeutet auch: Wenn man Pech hat, sieht und krault man keine Katze. Tigert eine der Samtpfoten durch den Raum, folgen ihr häufig die Blicke der Anwesenden, und wie bei der Kugel beim Roulette, fragt man sich, wo sie letztendlich landen wird.

Kein Risiko gibt es dagegen in Sachen Kaffee, Tee und Essen. Vor allem das Samstag und Sonntag von 11 bis 14 Uhr angebotene reichliche Frühstück ist zu empfehlen. Wer zu Hause schon nicht von einer Katze geweckt wird, kann hier mit einer frühstücken. Und das mit Ei aus Freilandhaltung, Blauschimmelkäse oder für den ganz profanen Zuckerschock Nutella. Das Café Schnurrke bietet nur Vegetarisches und Veganes an. Alles ohne Katzenhaare. Zubereitet werden Speisen und Getränke nämlich in einem abgeschlossenen Bereich, Zutritt für Katzen verboten.

Erfunden wurden Katzencafés in Asien, genauer 1998 in Taiwan. Wer sich so richtig asiatisch fühlen will, wählt den heiß oder kalt angebotenen japanischen Yuzu-Tee, für den eine in Honig eingelegte Yuzu-Zitrone aufgegossen wird. Um die Wartezeit auf einmal Bauchkraulen zu verkürzen.

Adresse Ritterstraße 27, Altstadt-Nord, Tel. 0221/84617980 | **Öffnungszeiten** Mi–Fr 10–19 Uhr, Sa–So 11–19 Uhr, Mo 13–19 Uhr | **ÖPNV** Linie 12, 15, Haltestelle Hansaring | **Internet** www.cafeschnurrke.de

20 — Café Wahlen
Nostalgie in Blätterteig

Fast scheint es, als sei man mit dem Eintreten in eine andere Zeit gereist: Gerade stand man noch draußen, umgeben vom stets etwas hektischen Hier und Jetzt der Kölner Ringe, doch kaum dass man durch die Eingangstür des Café Wahlen getreten ist, fühlt man sich mit einem Schlag um 50 Jahre zurückversetzt. Alles um einen herum atmet den Charme einer längst vergangenen Epoche: die Kuchenvitrinen im Eingangsbereich, die blendend weißen und mit kunstvollen Schleifen gebundenen Stickschürzen der Serviererinnen, die original alten Tapeten, die Perser auf dem Boden und Leuchter an den Wänden.

Auch das Angebot des Café Wahlen scheint nicht von dieser Zeit: Vor allem pflegt man hier natürlich die hohe, anderenorts fast ausgestorbene Kunst von Sahnetorte, Buttercreme und Filterkaffee. Doch sosehr wir auch die konditorischen Leistungen schätzen, empfehlen wollen wir das Café wegen etwas anderem – nämlich seinem Mittagstisch und seinen »Kleinen warmen Speisen«. Auch die sind eine Reise zurück in der Zeit: Es gibt Toast Hawaii, und der Caféküchen-Klassiker Filet-Steak auf Toast findet sich gar in drei verschiedenen Varianten – eine letzte Bastion der Salat-Tomate-Petersilensträußchen-Garnitur.

Ein weiterer unverzichtbarer Bestandteil der gehobenen bürgerlichen Küche der 60er Jahre: helle Ragouts aus Kalb- oder Hühnerfleisch, meist begleitet von Blätterteig. Die höchste Vollendung dieser klassischen Kombination: die Königinpastete. Sie ziert – versehen mit dem nicht unwichtigen Zusatz »aus eigener Herstellung« – ebenfalls die Karte des Café Wahlen. Wer sie bestellt, der erhält einen Teller, der mit einem feinen Spiel von Säure, Cremigkeit und unterschiedlicher Konsistenz demonstriert, welch unermesslich schweren kulinarischen Verlust uns unfähige Köche beschert haben, als sie mit pampigen Soßen und muffigen Teighüllen das Ansehen dieser Delikatesse dauerhaft ruinierten.

Adresse Hohenstaufenring 64, Neustadt-Süd, Tel. 0221/231625 | **Öffnungszeiten** Mo–Fr 9–18.30 Uhr, Sa 11–18 Uhr, So 12–18 Uhr | **ÖPNV** Linie 1, 7, 12, 15, Haltestelle Rudolfplatz; 12, 15, Haltestelle Zülpicher Platz | **Internet** www.cafe-wahlen.de

21 Caruso Pasta Bar
Limoncello vom Schmuggler

Wenn ein italienisches Restaurant »Caruso« heißt, wirkt das nur marginal individueller als »Roma«, »Napoli« oder »Toscana« – die Top-3-Namen italienischer Restaurants in Deutschland. Allerdings gibt es bei der »Caruso Pasta Bar« ein kleines, aber wichtiges Geheimnis: Chef und Chefkoch Marcello Caruso ist tatsächlich verwandt mit dem berühmten neapolitanischen Tenor Enrico Caruso. Nicht nur das ist authentisch hier, sondern auch das Essen. Zudem schafft es Marcellos warmherzige Frau Ana, dass man sich in dem geradezu winzigen Restaurant oder auf den Außenplätzen am lauten Barbarossaplatz tatsächlich so fühlt wie in Bella Italia.

Lange war die 2013 eröffnete Pastabar ein absoluter Geheimtipp. Man ist Gründungsmitglied der Bauernrunde, die regionales Obst und Gemüse fördert. Alles was auf die Teller kommt, ist handgemacht. Das schmeckt man – vor allen bei der grandiosen Pasta, die locker auf Sterneniveau ist. Die hauchdünnen Agnolotti al Formaggi werden zum Beispiel mit gleich fünferlei Käsen gefüllt, was ihren Geschmack enorm komplex macht. Salsiccia, Cherry-Tomaten-Confit, Romana und Tarallo flankieren subtil, das Zentrum ist die herrliche Pasta. Man kann so viele der kleinen Gerichte bestellen, wie man will – drei sind pro Person aber die Mindestzahl. Natürlich gibt es hier mehr als Pasta! Beim Vitello Tonnato ist das Fleisch sous vide gegart, beim Tiramisu gelingt die Balance von Süße und feinen Bitternoten auf den Punkt. Alles wird auf buntem, italienischem Geschirr serviert, und immer spürt man die Liebe zum guten Produkt – der Limoncello von Marcellos Papa wird sogar extra aus Italien »geschmuggelt«.

Die rund 30 Positionen fassende und rein italienische Weinkarte bietet manche schöne Flasche, einige Erzeuger davon kennen die beiden Carusos persönlich. Und »persönlich« ist das Keyword dieses Restaurants, in dem Gäste ratzfatz zu Stammgästen werden.

Eine kulinarisches Kleinod direkt am hektischen Barbarossaplatz.

Adresse Salierring 46, Altstadt-Süd, Tel. 0221/9386311 | **Öffnungszeiten** Di–Sa 18–24 Uhr (Küche bis 22 Uhr) | **ÖPNV** Linie 12, 15, 16, 18, Haltestelle Barbarossaplatz | **Internet** www.pastabar.de

22__ Christoph Pauls Restaurant
Gans und gar

Jedes Jahr kommt sie angeflogen: die Gänsezeit. Und aus Traditionspflege macht man sich auf die Suche nach einem Ort, an dem man das gar nicht so einfach zuzubereitende Geflügel essen kann (wenn man sich nicht selber an die Aufgabe macht). Der vielleicht Beste ist »Christoph Paul's Restaurant«, wo es im November ein Gänsemenü gibt.

Der Clou: verwendet werden nur französische Label Rouge Bio Gänse. Paul ist nicht nur ein erfahrener, oftmals ausgezeichneter Spitzenkoch, der für seine ungemein süffig-leckere Art zu kochen bekannt ist. Paul ist auch Produktfanatiker, der den regionalen Ansatz nicht nur propagiert, sondern lebt. Gemüse und Beeren kommen bei ihm von den Bauern Peter Bonn und Werner Meller aus Stommeln, der Spargel aus Rommerskirchen, das Rindfleisch aus dem Westerwald (Bio Limousin), die Räucheraale und Lachsforellen aus dem Stommeler Forellenhof, das Lamm sogar aus eigener Zucht im Stommelerbusch. Und das sind nur einige Beispiele.

Paul hat sich über Jahre seine Erzeuger ausgewählt – sie danken es ihm mit Spitzenware. Ein Gänsemenü sieht bei ihm zum Beispiel so aus: als Vorspeise eine Kartoffelsuppe aus der Gänsekarkasse, als Hauptgang »Gans orientalisch« mit marinierten Pflaumen, Sesamplätzchen und Mandelbroccoli (und zwar sowohl Brust wie Keule), oder ganz klassisch mit Apfelrotkohl, Maronen, Bratapfel und Klößen. Und als Nachtisch ein Grand Marnier Parfait mit Gewürzorangen. Bei Paul ist man in sicheren Händen, genau wie bei seiner Frau Juliane, die als Gastgeberin tätig ist. Natürlich lohnt der Besuch auch außerhalb der Gänsezeit.

Paul kocht Bistro- und ländliche Küche, vor allem französischer, deutscher und italienischer Provenienz. Sein stilvolles Restaurant auf zwei Etagen war früher übrigens die Kapelle »St. Maria Regina zum Rosenkranz« – ein prachtvolles Fresko auf der Wand kündet von der sakralen Vergangenheit.

Adresse Brüsseler Straße 26, Neustadt-Süd, Tel. 0221/92440500 | **Öffnungszeiten** Di–Sa 17.30–24 Uhr (Küche: 18–22) | **ÖPNV** Linie 1, 7, Haltestelle Moltkestraße

23 Dank Augusta
Picknick im Park

Picknick im Grünen – ohne sonntagmorgens all die kleinen Leckereien vorbereiten und aufwändig einpacken zu müssen? Mit perfekt gekühltem Wein und fachmännisch aufgebrühtem Kaffee? Ein Traum!

Die Flora ist ein Schmuckstück – Seerosenteich, Kölsche Alpen, die Gewächshäuser, und das »Dank Augusta«. Bevor wir zu den herzhaften Speisen kommen, ein wirklich gut gemeinter Rat: lassen Sie Platz für den Nachtisch! Wie alles kommt auch dieser in Einmachgläsern daher. Das »Schwarzwälder Kirsch« Dessert besteht aus fluffiger Schokomousse, Kirschen, Sahne und Schokostreuseln – und ist süß, aber eben nicht zu süß. Das ist auch beim Erdbeer-Tiramisu der Fall, dem Knisterbrösel den Extra-Kick geben (nicht nur bei Kindern beliebt). Eigentlich ist alles hier von wirklich überzeugender Qualität. Man merkt, dass der Betreiber – Kirberg Catering aus Bergisch Gladbach – die Speisen genau durchdacht hat. Der Kaffee kommt von Van Dyck, der Kakao für das Eis ist fair gehandelt.

Was könnte alles in so einer Picknicktasche drin sein, die an einem der Tresen auf Bestellung gepackt wird? Kartoffelsalat mit Gurke und einem Hauch grobem Senf (nicht zu schwer sondern frisch), Couscous (aromatisch klar und nicht wie so oft dumpf), Nudelsalat mit Biss (weder zu cremig noch zu füllend) und Ananas als kaum merklicher Fruchtkomponente, Linsen- und Karotten-Suppe mit feiner Süße und leichter Schärfe, sowie Fleischkäse in einer pfiffigen Alu-Kastenform. Zusammengefasst: Herzhaftes gekonnt und leicht angerichtet. Dazu gibt es Bier, Limonaden, ein paar klug ausgewählte Weine (sogar ein Riesling »Flora Edition«) und köstlich süßen »Kalten Kaffee« mit Pistazienduft.

Leider darf nur auf der Terrasse (rund 200 Plätze) und nicht auf den Rasenflächen gepicknickt werden – und falls es mal kalt wird gibt es wärmende Decken.

Adresse Am Botanischen Garten 1a, Neustadt-Nord, Tel. 0221/2848488 | **Öffnungszeiten** März–Okt. täglich 12–23 Uhr | **ÖPNV** Linie 18, Haltestelle Zoo/Flora

24 Der Vierte König
Ein alter Mönch aus Indien

Bei jedem Gericht spürt man, dass dieses Restaurant die Erfüllung eines Lebenstraums ist. Der Träumer heißt Jaspreet Dhaliwal-Wilmes, ein aus der nordindischen Punjab-Region stammender Sikh, der einst als gelernter Elektriker nach Deutschland kam und hier zum Koch wurde. Er selbst ist der namensgebende »Vierte König, der sich zu Kölns drei Königen gesellt. Den ungewöhnlichen Namen erklärt sein ehemaliger Lehrmeister Jean-Marie Dumaine vom Restaurant »Vieux Sinzig« so: »Weil er aus Köln zu uns kam und Gewürze seiner Heimat in unsere »la cuisine française« einbrachte, war er für uns ›Der Vierte König‹.«

Jaspreet Dhaliwal-Wilmes setzt seine Gaben aus dem Morgenland großzügig ein, das macht seine auf der französischen Klassik fußende Küche so einzigartig. Manche Rezepte sind sogar Familiengeheimnisse. »Das rote Curry ist nach dem Rezept meiner Mutter!«, erklärt er und zeigt zwei große Lachshälften, die er damit gebeizt hat. Die Küche des »Vierten Königs« ist mit nichts zu vergleichen – und sie ist durchdacht. Das fängt beim selbst gebackenen Brot an, zu dem Korianderbutter und sechs Monate mit indischen Gewürzen aromatisiertes Öl gereicht wird, und endet beim Palmzucker mit Sesam zum Kaffee. Fast jeder Gang hat ein ungewöhnliches Detail. So begleitet den Kabeljau köstlicher Spinat, der in Öl statt Wasser gegart und mit Ingwer und Kümmel abgeschmeckt wurde. Beim Lamm wundert man sich über eine rekordverdächtig, lange grüne Bohne – es ist eine indische Schlangenbohne. Die meisten werden auf europäisches Maß geschnitten, doch eine darf hier stets bleiben, wie Gott sie schuf.

Nachtisch muss übrigens sein! Zum einen das faszinierende Dreierlei von der Crème brûlée (Möhren-Bockshornklee, Tonkabohnen, Banane-Kokos-Süßholz), zum anderen das Old Monk Eis, mit einem generösen Schuss indischen Rums. Danach braucht man keinen Digestif mehr!

Adresse Adresse Gottesweg 165, Sülz, Tel. 0221/48481288 | **Öffnungszeiten** Mi–So 18–23 Uhr | **ÖPNV** Linie 13, 18, Haltestelle Sülzgürtel | **Internet** www.derviertekoenig.com

25 Die fette Kuh
Der Tabellenführer kommt aus dem Süden

Geht's nach der Abstimmung mit den Füßen, lässt sich die Frage, von wem denn nun der allerbeste Burger dieser Stadt stammt, doch recht eindeutig beantworten. Mag es bei den Konkurrenten schon oft schwer sein, auf Anhieb einen freien Platz zu finden, bei der fetten Kuh auf der Bonner Straße ist es nahezu unmöglich. Der Südstadt-Imbiss hat sich im Laufe der letzten Jahre einen Ruf erworben, der weit über die Grenzen der Stadt Köln hinausreicht.

Geschafft hat man das vor allem mit einem: dem kompromisslosen Willen zur Qualität. Das Fleisch für die »Patties« stammt vom niederrheinischen Weiderind, hat nie eine Tiefkühltruhe von innen gesehen und wurde 28 Tage an der Luft gereift. Mehrfach am Tag wird frisch gewolft. Und zwar – für den betreffenden Mitarbeiter weniger angenehm, als Beweis für radikales Qualitäts- und Hygienemanagement dafür umso eindeutiger – in der Kühlkammer. Die Kartoffeln für die Pommes frites werden handgeschnitten, die »Buns« eigens für die fette Kuh gebacken. Selbstverständlich, dass außer Ketchup und Senf auch alle Soßen und Salatdressings hausgemacht sind.

Auch die Freunde fleischloser Ernährung werden hier nicht stiefmütterlich behandelt: Alle Standard-Burger gibt es auch mit vegetarischem »Patty« – mit Ausnahme des ohnehin schon vegetarischen Parasolpilz-Burgers. Erfreulich konsequentes Detail: Allesamt werden sie auf einem Grill zubereitet, der ausschließlich für Vegetarisches reserviert ist.

Eine Krone gebührt dem Grill auf der Bonner Straße ganz unzweifelhaft: nämlich die der kreativsten Burger-Schmiede. Ob Kokos-Koriander-Majo und Chili-Ananas, Szechuan-Gemüse und Ingwer-Zitronen-Majo oder Guacamole und Cheddar – die Zutaten für den »Burger der Woche« beweisen alle sieben Tage aufs Neue, dass sich die Rezeptur für einen Spitzen-Burger nicht zwangsläufig auf Rindfleisch, Salat und Bacon beschränken muss.

Adresse Bonner Straße 43, Neustadt-Süd, Tel. 0221/37627775 | **Öffnungszeiten** Mi–Mo 12–23 Uhr | **ÖPNV** Linie 15, 16, Haltestelle Chlodwigplatz | **Internet** www.facebook.com/DiefetteKuh

26 Die Maultasche
Die können alles, nur kein Hochdeutsch

Seit 2008 gibt es den kleinen, unscheinbar wirkenden Laden schon. Sein Name ist Programm – denn hier gibt es zwar auch noch andere schwäbische Spezialitäten, vor allem aber eben: Maultaschen. Und zwar nicht irgendwelche, sondern direkt aus dem Schwabenland importierte Originale. Ein- bis zweimal pro Woche wird aus Stuttgart frisch geliefert. Doch nicht nur der Herstellungsort ist echt schwäbisch, auch ihr Inhalt ist es. Denn das Fleisch in den handgemachten Maultaschen stammt von Schweinen einer alten regionalen Edel-Rasse: freilaufend auf der Wiese groß gewordenen Schwäbisch-Hallischen. Unter Kennern genießt deren Fleisch wegen seiner feinen Fett-Marmorierung und des daher rührenden intensiv-würzigen Geschmacks einen legendären Ruf. In Zeiten eher auf effizientes Wachstum denn auf guten Geschmack getrimmter Turbomast-Rassen sind sie leider zur echten Rarität geworden.

Zum Brät aus diesem Premium-Fleisch kommen eingeweichte Brötchen, Ei, Zwiebeln, Petersilie und – für die feine Würze – etwas Spinat. Der Nudelteig ist aus Weizengrieß, Eiern und Wasser, sonst nichts. Beides zusammen ergibt dann eine hochfeine Spezialität – egal, ob klassisch in Brühe oder »solo« nur mit in Butter geschmelzten Zwiebeln obenauf. Die Frage, ob die Maultaschen jetzt tatsächlich im 14. Jahrhundert von Margarete Maultasch aus Tirol mitgebracht oder doch von in der Fastenzeit schwach werdenden Mönchen erfunden wurden, ist uns nach dem ersten Bissen herzlich egal.

Dazu trinkt man entweder gutes Mühlen Kölsch oder aber den süddeutschen Exporterfolg Tannenzäpfle. Auch die angebotenen Weine stammen aus dem Schwäbischen – die typisch württembergischen Rebsorten Trollinger, Lemberger und Riesling dominieren das Angebot. Unsere besondere Empfehlung gilt der ebenfalls regionaltypischen »Schorle weiß, sauer«, hierzulande besser unter dem Namen Weißwein-Schorle bekannt.

Adresse Am Alten Posthof 8, Altstadt-Nord, Tel. 0221/27096981 | **Öffnungszeiten** Mo–Sa 11–21 Uhr | **ÖPNV** Linie 1, 3, 4, 7, 9, 16, 18, Haltestelle Neumarkt | **Internet** www.die-maultasche.de

27 Die Mehlwerkstatt
Die Schnecke zum Wickel gemacht

Wohl kaum ein Stadtteil hat sich in den letzten Jahren so tiefgreifend verändert wie Ehrenfeld. Das ehemalige Arbeiterviertel, lange geprägt von den industriellen Brachflächen der Nachkriegszeit, ist schick geworden. Die umtriebige Körnerstraße war Schrittmacher und Kristallisationskeim (siehe Seite 218 / Van Dyck), in den Gassen und Straßen um sie herum ist viel Interessantes gefolgt.

Einer der neuesten Zeugen dieses Wandels findet sich am Anfang des Ehrenfelder Teils der Venloer Straße. Ehemals Teil eines ursprünglich aus Frankfurt stammenden Edel-Bäckerei-Konzepts namens »Zeit für Brot«, firmiert dort nun unabhängig und unter neuem Namen »Die Mehlwerkstatt«. Außer dem Namen hat sich nicht viel geändert: Der Bäcker arbeitet nach wie vor an einem buchstäblich gläsernen Arbeitsplatz, der es ermöglicht, ihm über die Schulter zu schauen. Die zahlreichen Sitzplätze in und vor dem Ladenlokal werden gern genutzt, um die Backwaren (unbedingt die Roggenbrotstullen probieren!) und die dazugehörenden Getränke direkt vor Ort zu konsumieren.

Im Angebot finden sich handwerklich produzierte Roggen- und Dinkelbrote, Baguettes, Croissants und Quiches. Das alles sorgfältig und hocharomatisch gebacken – allerdings auch entsprechend ambitioniert eingepreist. Mag die Venloer Straße sonst geprägt sein von den Teigling-Aufbackstationen einer Billig-Backwarenkette – die »Mehlwerkstatt« befindet sich am anderen Ende der Preis- und Qualitätsskala.

Krönung des Sortiments ist nach wie vor die Zimtschnecke, nun »Zimtwickel« genannt. Sie betört mit intensiv zimtigem Aroma und einer perfekten Balance zwischen hefegetriebener Fluffigkeit und saftiger Restfeuchte des Teiges. In dieser Exzellenz war Hefegebäck in Köln bislang noch nicht zu haben. Egal ob Zimt, Schoko, Kirsch / Marzipan oder Ahornsirup / Walnuss – besseres findet sich, wenn überhaupt, dann allenfalls in New York.

Adresse Venloer Straße 202, Ehrenfeld, Tel. 0178/4666167 | **Öffnungszeiten** Mo–Fr 7–20 Uhr, Sa 8–20 Uhr, So 8–18 Uhr | **ÖPNV** Linie 3, 4, Haltestelle Piusstraße | **Internet** www.diemehlwerkstatt.de

28 Die Puszta-Hütte
Absolute Konzentration aufs Wesentliche

Es gibt nicht viele Restaurants in Köln, die es zu einem eigenen Wikipedia-Eintrag gebracht haben. Um die Vorstellungen von »Relevanz« der Internet-Enzyklopädie zu erfüllen, bedarf es nämlich einer gewissen Tradition und eigenen Geschichte. Die Gaststätten müssen gleichsam zu einer Institution geworden sein. Das Lommerzheim (siehe Seite 130) oder der Bieresel (siehe Seite 36) sind Beispiele für solche Institutionen, die Puszta-Hütte ist ein weiteres.

Seit 1948 wird in der Nähe des Neumarkts Gulasch gekocht. Der Legende nach hatte Gründer Max Lippert, nach seiner Kriegsgefangenschaft, bei einer ungarischen Bäuerin zum ersten Mal Kontakt mit diesem Gericht und das Rezept mit nach Hause gebracht. Zurück in der Stadt begann er dann, sein Gulasch von einer kleinen Hütte aus zu verkaufen. Der Rest ist Geschichte. Der Erfolg war so groß, dass man bald ein paar Meter weiter in die Fleischmengergasse zog, von wo aus bis heute serviert und verkauft wird. Ausschließlich Gulasch – nichts anderes.

Beim Verzehr vor Ort wird das Gericht traditionell in einer kleinen Blechschale serviert, mit Brötchen dazu und auf Wunsch mit einem nur aus Soße bestehenden Nachschlag. Für zu Hause gibt es Dosen verschiedener Größe. Es werden auch Gebinde nur mit Soße oder der reinen Würzpaste angeboten. Bis zum Zehn-Liter-Eimer reicht die Konfektionierung inzwischen, wer noch mehr braucht, der bucht am besten einfach eine der ebenfalls verfügbaren mobilen Gulaschkanonen. Der Gulasch selbst, in »feiner Budapester Geschmacksrichtung« (der in Ungarn übrigens Pörkölt heißen würde), ist scharf und würzig. Das Rindfleisch ist gut gegart, hat aber noch so viel Biss, dass es nicht völlig zerfällt, die umgebende Soße eine cremig-sämige Konsistenz. Ein Klassiker der Kölner Gastronomie-Geschichte, den man wenigstens einmal probiert haben sollte.

Dazu trinkt man Kölsch (in diesem Fall Mühlen), nichts anderes.

Adresse Fleischmengergasse 57, Altstadt-Süd, Tel. 0221/239471 | **Öffnungszeiten** Mo–Sa 10–20 Uhr | **ÖPNV** Linie 1, 3, 4, 7, 9, 16, 18, Haltestelle Neumarkt | **Internet** www.pusztahuette.de

29 Die Wohngemeinschaft
Auf ein Süppchen bei Jojo

Kennen Sie Easy? Der hängt den alten Mucker-Zeiten hinterher. Oder Mai Li? Die trainiert immer fleißig Tischtennis. Annabell liebt es romantisch. Und Jojo? Der träumt in seinem Bulli vom Surfen. In seinem Bulli sollten Sie wirklich mal ein Süppchen essen. Direkt aus dem Weckglas. Das ist ein Erlebnis – in einer der hippsten Locations Kölns.

»Die Wohngemeinschaft« ist kein Restaurant, sondern von 15 bis 19 Uhr ein Café mit Kuchen und Suppen, danach eine Bar. Aber keine gewöhnliche. Sie ist, wie es ihr Name sagt, als Wohngemeinschaft eingerichtet, in der vier Twentysomethings zusammenleben. Als Besucher kann man sich eines der Bücher in den Regalen schnappen und darin lesen, sich in eines der Betten werfen oder an der Theke etwas bestellen.

Die Kuchen und Torten (je nach Jahreszeit Erdbeerkuchen, Diplomatenecke oder Sachertorte) stammen vom Café Braun, die Suppen von »Meister Lampe« (das zum Restaurant »Basilicum – Gourmet de Cologne« gehört). Klassiker im wechselnden Angebot sind Erbsensuppe mit Schweinebauch, Ratatouillesuppe, Rote Linsensuppe mit Räucheröl und Linseneintopf mit Bockwurst – alles ohne Zusatz von Konservierungsstoffen und Geschmacksverstärkern. Und alles eingeweckt wie früher bei Omma. Wer Kaffee möchte, bekommt ein fair gehandeltes Bio-Produkt, auch der Tee ist bio aus nachhaltigem Anbau. Nachtschwärmer müssen mit einer vollen Bude rechnen. Zu trinken gibt es das hauseigene »WG-Bräu«, aber auch Mühlen Kölsch oder Longdrinks. Immer mal wieder gibt es Veranstaltungen: Konzerte, Theater, Lesungen, Comedy.

Zur Wohngemeinschaft gehört auch ein Hostel mit 16 individuell eingerichteten Zimmern – zum Teil mit mehreren Betten. Zum Beispiel von Fotograf Paul, 60er-Jahre-Aficionado Jimmy oder Manu, die Bollywood liebt. Bio-Eier, -Müsli, -Joghurt, -Milch und Aufschnitt von der Naturmetzgerei Hennes werden zum Frühstück gereicht.

Adresse Richard-Wagner-Straße 39, Neustadt-Süd, Tel. 0221/39760905 | **Öffnungszeiten** täglich 15–19 Uhr Café, danach Bar | **ÖPNV** Linie 1, 7, Haltestelle Moltkestraße | **Internet** www.die-wohngemeinschaft.net

30 Em Golde Kappes
Äzze, Bunne, Linse

»Em Golde Kappes« backt man keine kleinen Brötchen. Der Slogan des Brauhauses hat literweise Selbstbewusstsein: »Wer uns nicht kennt, hat Kölle verpennt.« Sagen wir es so: Bezogen auf Nippes haben sie auf jeden Fall recht.

1913 hieß die angrenzende Florastraße noch »Kappesgasse« – weil die Bauern der Umgebung vor allem mit Kappes (Kohl) ihren Unterhalt verdienten. Kappesbuure eben. Heute erzählt ein goldener Kappes über dem Eingang des Gasthauses noch davon. Der sechszackige Stern ist das traditionelle Zeichen der Brauerzunft und symbolisiert das Zusammenspiel von Gerste, Hopfen, Wasser, Feuer und Luft. Ende der 2000er Jahre stand die Gaststätte leer, dann übernahm die Brauerei Früh das sanierungsbedürftige Haus, renovierte es behutsam und ließ es wieder zu einem echten Schmuckstück werden. So eines ist auch der kunstvoll geschnitzte »Beichtstuhl« (auch bekannt als Thekenschaaf, der Sitz des Gastwirts, meist eine Art Kabine).

Am besten zum Namen des Brauhauses passt die viel zu selten in Köln zu findende Kappeszupp (Sauerkrautsuppe mit Schmand, geschrotetem Senf und Röggelchen). Doch ganz besonders ans Herz legen möchten wir Ihnen die Ääzezupp (Erbsensuppe), natürlich ebenfalls nur echt mit Röggelchen. Sie hat die ideale Konsistenz, nicht zu dick und nicht zu dünn, ordentlich Einlage, ist herrlich herzhaft und wärmend und genau richtig gewürzt. So muss Erbsensuppe sein. Ebenfalls sehr empfehlenswert ist der »Halve Hahn«, dessen Holländer im eigenen Käsekeller gereift ist, und der »Schweinebrode en Frühkölschzauß met Äädäppelsklöß un Kappesschlot« (Schweinebraten in Frühkölschsoße mit Kartoffelklößen und Krautsalat). Auch im Golde Kappes gibt es Wochentags-Spezialitäten. Dienstag ist hier Schnitzel-, Mittwoch Haxen- und Donnerstag Reibekuchentag. Dazu gibt's Früh Kölsch oder Früh Radler und danach einen »Stippeföttche« – Pfefferminzlikör, hergestellt nach eigener Rezeptur.

Adresse Neusser Straße 295, Nippes, Tel. 0221/92292640 | **Öffnungszeiten** täglich ab 10 Uhr | **ÖPNV** Linie 12, 15, Haltestelle Florastraße | **Internet** www.emgoldekappes.de

31 Epi Boulangerie / Patisserie
Ein Stückchen Frankreich

Das deutsche Backhandwerk – so ein gern gefälltes Urteil – ist unerreicht, im Ausland dagegen herrscht nur labbrig-substanzlose Ödnis. Kein Urteil könnte falscher sein, wie jeder weiß, der schon einmal versucht hat, bei einem hiesigen Bäcker etwas zu bekommen, das einem handwerklich produzierten französischen Baguette oder Landbrot in Konsistenz und Geschmack auch nur nahe käme. Diese ganz spezielle Form von goldbrauner Knusprigkeit außen und aromatisch-grobporiger Krume innen – hierzulande ist sie praktisch nicht zu finden.

Diesem Manko abzuhelfen, hat sich das Epi auf der Neusser Straße verschrieben. Um dem hohen Ziel möglichst nahe zu kommen, geht man das Projekt von Grund auf an: Praktisch alle Zutaten, allen voran Mehl und Butter, werden eigens aus Frankreich importiert. In Zeiten, in denen der allgemeine gastronomische Trend von Begriffen wie Nachhaltigkeit und Regionalität bestimmt wird, ein bemerkenswerter Schritt. Zum original-französischen Mehl gesellen sich Know-how und besondere Sorgfalt bei der Zubereitung: Nur zum Teigrühren werden Maschinen benutzt, danach geht es strikt mit Handarbeit weiter. Extralange Teigführung für besonders viel Geschmack – im Epi selbstverständlich.

Man kommt jedenfalls nicht umhin festzustellen: Französischer schmecken Butterbrote in dieser Stadt nirgends. Hier eine Tartine – also ein mit Käse, Schinken oder Wurst belegtes französisches Landbrot – zu essen, ist wie ein kleiner Kurzurlaub in Frankreich. Was wohl auch der Grund dafür ist, dass neben dem Original im Agnesviertel inzwischen Ableger in Rodenkirchen, Lindenthal und der Innenstadt existieren. Wer die Standort-Viertel aufmerksam gelesen hat, wird allerdings ahnen: Dieses ganz spezielle französische Gefühl gibt es nicht umsonst. Günstig ist das Angebot im Epi eher nicht, der Wille zur unbedingten Qualität schlägt sich leider in den Preisen deutlich nieder.

Adresse Neusser Straße 72, Neustadt-Nord, Tel. 0221/37996656 | **Öffnungszeiten** täglich 7–20 Uhr | **ÖPNV** Linie 12, 15, 16, 18, Haltestelle Ebertplatz | **Internet** www.epi-boulangerie.de

32 Epicerie Boucherie
Nicht nur Polterabend in der Elsaßstraße

Menschen, die Französisch sprechen und die Epicerie Boucherie zum ersten Mal besuchen, stehen in aller Regel mit einem leicht suchenden Blick im Laden. Die Feinkost und das Café sind ja klar zu erkennen, aber wo bitte schön ist denn die im Namen verheißene Metzgerei? Die Antwort ist einfach: Es gibt sie nicht. Denn die Epicerie Boucherie heißt nicht so, weil sie eine Kombination aus Feinkostgeschäft und Metzgerei wäre, sondern schlicht, weil der Besitzer David mit Nachnamen so heißt.

Der kleine Laden hat in den letzten Jahren einiges an Aufmerksamkeit in der Presse erfahren. Was sicherlich auch daran liegt, dass er wirklich eine echte Augenweide ist. Ein kleines, von dichtem Grün umranktes Schaufenster, die alte hölzerne Eingangstür, die wenigen Außentische vor dem schönen Altbau – das alles zusammen ist Idylle pur.

Die kulinarischen Qualitäten der Epicerie Boucherie halten mit dem hohen ästhetischen Standard Schritt. Das kleine, aber dafür umso feinere Angebot braucht sich wahrlich nicht zu verstecken. Die Käse bezieht man direkt von einem der besten Käse-Reifer Frankreichs. Jeden Mittwoch trifft eine frische Lieferung von René Tourette aus Straßburg ein. Darüber hinaus gibt es Suppen, Tartines und Tartes. Wir empfehlen, es einmal mit dem Mittagsangebot zu versuchen, zum Beispiel mit einer der stetig wechselnden hand- und hausgemachten Quiches mit Salat und – um das ganz spezielle Savoir-vivre noch zu verstärken – einer Orangina. Zum Abschluss: eine Tasse vom bemerkenswert guten Espresso. Den fair gehandelten Bio-Kaffee dafür bezieht man hier von der Rösterei Van Dyck in Ehrenfeld.

Das Straßenleben der Südstadt erinnert ohnehin stets ein wenig an das in Frankreich, passenderweise aber nirgendwo mehr als in dieser Epicerie in der Elsaßstraße. Selbst die Salzstreuer auf den Tischen werden von dem aus Urlauben bekannten französischen Wal geziert …

Adresse Elsaßstraße 3, Neustadt-Süd, Tel. 0221/31081999 | **Öffnungszeiten** Di–Sa 9–18 Uhr, So 10–16 Uhr | **ÖPNV** Linie 12, 15, Haltestelle Chlodwigplatz | **Internet** www.epicerieboucherie.de

33 Essers Gasthaus
Es wird a Hendl sein ...

Es ist meist ein gutes Zeichen, wenn sich in einem Restaurant ein beliebtes Gericht nicht dauerhaft, sondern nur ab und an auf der Karte findet. Das Essers in Neuehrenfeld leistet sich diesen Luxus gleich doppelt. Das allseits beliebte Wiener Schnitzel – formvollendet mit Erdäpfel-Gurken und steirischem Bauernsalat serviert – gibt es nur an Sonntagen, das mindestens ebenso großartige Backhendl »im Körberl« gar nur jeden ersten Donnerstag des Monats. Am Backhendl-Tag findet sich rigoros nichts anderes auf der Karte. Nur so glaubt man, dem Hendl die notwendige Sorgfalt angedeihen lassen zu können. Trotzdem oder vielleicht gerade deshalb: Eine Reservierung für diese Tage ist dringend geboten. Die Plätze für einen der beiden verschiedenen Time-Slots (ab 18 oder aber 20.15 Uhr) sind rar.

Sitzt man dann erst einmal am Tisch – im Sommer vielleicht gar auf der großzügigen Terrasse –, wird schnell klar, warum sich die Qualität dieser Hendl inzwischen weit über die Grenzen des Veedels hinweg herumgesprochen hat. Ausgangsprodukt, Zubereitung, Präsentation – hier stimmt einfach alles. Koch Andreas Esser kauft sein Geflügel bei einem kleinen, sorgfältig arbeitenden Hof im Umland. Die Tiere haben dort im Vergleich zu industriellen Großmästereien ungefähr die doppelte Zeit, ihr Schlachtgewicht zu erreichen. Qualität, die sich unmittelbar im Geschmack niederschlägt. Die Zubereitungsmethode, die die Saftigkeit des Fleischs ganz besonders zur Geltung bringt, tut ihr Übriges dazu. So wird aus dem vermeintlichen Allerweltsgericht Hähnchen auf einmal wieder eine echte Delikatesse.

Ein Loblied auf das Essers wäre übrigens nicht vollständig, ohne die bemerkenswert bestückte Wein- und Digestiv-Karte gewürdigt zu haben: Die liebevolle Auswahl von Wirtin und Sommelière Iris Giessauf ist nicht nur unter Preis-Leistungs-Gesichtspunkten eine der erfreulichsten dieser Stadt.

Adresse Ottostraße 72, Neuehrenfeld, Tel. 0221/425954 | **Öffnungszeiten** täglich ab 17.30 Uhr, Küche von 18–22 Uhr (Backhendl jeden 1. Do des Monats) | **ÖPNV** Linie 5, Haltestelle Nußbaumerstraße | **Internet** www.essers-gasthaus.de

34 Ferkulum
Drei Jahrzehnte im Zeichen des Schweins

Schon der erste Blick nach dem Eintreten verrät: Dieser Laden hat bereits einiges gesehen. Dem Ferkulum auf der Zülpicher Straße sieht man die vielen Dienstjahre und Nachtschichten, die hinter ihm liegen, inzwischen deutlich an. Die Wände voller Zeitungsausschnitte und Postkarten, die offensichtlich nicht erst seit gestern dort hängen, die umlaufende Tischleiste aus Resopal gezeichnet von den vielen Tellern, die im Laufe der Zeit auf ihr abgestellt wurden. Besonders heikle Gemüter mögen angesichts des sie Umgebenden vielleicht zu mäkeln beginnen – wir nennen es Patina und bestellen frohgemut das, was wir hier schon seit Jahrzehnten bestellen: Gyros, Pommes, Krautsalat – nein, ohne Majo, aber selbstverständlich mit Zaziki!

Wir reden hier von nicht mehr und nicht weniger als einer Kölner Imbiss-Legende! Mitten im Epizentrum des studentischen Lebens wurden hier tagsüber Generationen hungriger Studenten versorgt, und ebenso viele Vergnügungslustige fanden dank großzügiger Öffnungszeiten auch spät in der Nacht noch Handfestes für die bisher nur mit Kölsch und Cocktails gefüllten Mägen.

Die Kernkompetenz hier ist übrigens völlig eindeutig Gyros. Das ist knusprig gegrillt, mit Oregano und anderen Kräutern delikat gewürzt und kommt natürlich vom Schwein. Der Imbiss zeigt sich auch in diesem Punkt vom Wandel der Zeiten völlig unbeeindruckt. Soll doch die umliegende Konkurrenz zu Döner von Kalb, Lamm oder Huhn oder gar Falafel und Thai-Food wechseln.

Hier im Ferkulum, da sind wir uns sicher, wird sich auch in 20 Jahren immer noch ein großer Spieß mit knusprig-leckerem Schweinefleisch drehen und wie eh und je in gewohnt großzügigen Portionen zu Pommes frites und Salat auf die Teller gehäuft werden.

Aber bis dahin, das geben auch wir zu, könnte das Ferkulum dann vielleicht doch mal eine Renovierung vertragen …

Adresse Zülpicher Straße 37, Neustadt-Süd, Tel. 0221/213796 | **Öffnungszeiten** Mo–Do 11–3 Uhr, Fr–Sa 11–4 Uhr | **ÖPNV** Linie 9, Haltestelle Dasselstraße/Bahnhof Süd

35 Fischfeinkost Albert
Backfisch für Besserschmecker

Dienstags und freitags ziert den sonst eher unscheinbaren Platz hinter St. Aposteln ein kleiner, aber feiner Markt. Während das Angebot an Dienstagen recht übersichtlich ausfällt, ist der Freitags-Markt einen Besuch mehr als wert. Denn das hiesige Publikum ist es gewohnt und in der Lage, etwas mehr zu bezahlen. Was sich zwar einerseits im Preisniveau niederschlägt, andererseits aber eben auch in der gebotenen Qualität. Kurzum: Freunde guten Essens, die zuweilen auch selbst zu Schöpfkelle und Kochlöffel greifen, sind auf diesem Markt an der richtigen Adresse.

Das Angebot der Gemüsehändler ist von erfreulicher Breite und Tiefe, viele Dinge, die sonst nicht oder nur mit viel Mühe zu bekommen sind, finden sich hier völlig problemlos. Dazu gibt es gute bis hervorragende Käse, diverse Spezialitäten, und selbst für Blumenfreunde ist das Angebot hier außerordentlich gut.

Zu jedem guten Markt gehört natürlich ein Fischstand, so auch zu diesem. Und unter den rheinischen Fischhändlern gehört es zum guten Ton, wenigstens an einem der Markttage nicht nur rohen Fisch und Salate anzubieten, sondern mit einem Wagen anzureisen, der über eine Fritteuse verfügt. Darin wird dann – meist aus Rotbarsch oder Seelachs – frischer Backfisch bereitet und wahlweise zusammen mit Remoulade auf dem Teller oder im Brötchen »auf die Hand« serviert.

Wir empfehlen, es als Kostprobe einmal mit einem Backfisch-Brötchen vom Markt im Schatten von St. Aposteln zu versuchen. Denn dessen Qualität verhält sich zu der, die man vom Marktführer in Sachen Fisch-Imbiss gewohnt ist, auf die gleiche Weise wie die hier im Buch erwähnten Hamburger zu deren Großketten-Konkurrenz. Es führt erschütternd deutlich vor Augen, wie unendlich gut ein einfaches Stück Backfisch sein kann, wenn das Ausgangsprodukt wirklich frisch ist und es mit der notwendigen Sorgfalt zubereitet wird.

Adresse Apostelnkloster, Altstadt-Nord, Tel. 02235 / 72348 | **Öffnungszeiten** Fr circa 9–14 Uhr | **ÖPNV** Linie 1, 3, 4, 7, 9, 16, 18, Haltestelle Neumarkt | **Internet** www.fischfeinkost-albert.de

36 Freddy Schilling
Mit gutem Gewissen kraftvoll zubeißen

Mitten auf der alten studentischen Amüsiermeile Kyffhäuserstraße befindet sich der Hamburger-Grill von Freddy Schilling. Der trägt seinen Namen nicht nach dem Besitzer, sondern laut Website zu Ehren eines der »ersten Hausmänner der Republik«. Ob die dort kolportierte Geschichte denn tatsächlich genau so stattgefunden hat – lassen wir es einmal dahingestellt. Viel wichtiger für uns ist ohnehin: Bei Freddy Schilling kommt nur Neuland-Fleisch auf die Grills und somit erstklassige Qualität zwischen die Buns.

Neuland ist ein Verein, der sich 1988 mit dem Ziel gegründet hat, Standards für eine besonders artgerechte Tierhaltung zu setzen. Von der Aufzucht über die Haltung bis hin zur Schlachtung unterliegen Neuland-Mitgliedsbetriebe streng kontrollierten Richtlinien. Das so produzierte Fleisch landet in Burgern, die sich deutlich schmeckbar zu den besten der Stadt zählen dürfen und zudem mit den üblichen Gräueln der Massentierhaltung nichts zu tun haben.

Auf diesem Niveau ohnehin selbstverständlich: Gegrillt wird erst im Moment der Bestellung, serviert wird in eigens für Freddy Schilling gebackenen Brötchen mit ausschließlich hausgemachten Soßen. Ein besonders liebenswertes Detail: die Kiste am Ausgang mit den Gratis-Äpfeln zur Vitamin-Versorgung.

Neben dem normalen Repertoire gibt es aber auch immer wieder saisonale Angebote. Eines, das nur im Winter zu finden ist, möchten wir besonders hervorheben. Zur Wild- und Jagdsaison ziert unter dem schönen Namen »Wilde Wutz« dann nämlich ein Burger die Karte, der uns wirklich begeistert hat: Zwischen zwei Hälften eines Roggenbrötchens finden sich ein »Patty« aus feinstem Wildschwein aus der Lüneburger Heide, dazu Salat, angebratene Apfelringe, Pilze, rote Zwiebeln und eine delikate Preiselbeer-Chili-Mayonnaise. Wir sind uns sicher: Diesen Burger hätte auch Obelix nicht stehen lassen.

Adresse Kyffhäuserstraße 34, Neustadt-Süd, Tel. 0221/16955515 | **Öffnungszeiten** Mo–Do 12–22 Uhr, Fr–Sa 12–23 Uhr | **ÖPNV** Linie 9, Haltestelle Dasselstraße/Bahnhof Süd | **Internet** www.freddyschilling.de

37 Gernys Schnelleinkauf
Der Tante-Emma-Imbiss

Fangen wir mit der Frage an, die sich wohl jeder stellt, der »Gernys Schnelleinkauf für Stressliebhaber« in der Schaafenstraße zum ersten Mal wahrnimmt: Warum und inwiefern wendet sich der kleine, auf Suppen und Eintöpfe spezialisierte Imbiss ausgerechnet an Liebhaber von Eile und Hektik? Es will sich uns einfach nicht erschließen. Im Gegenteil: Die in einem ehemaligen Tante-Emma-Laden untergebrachte Einrichtung ist ein Gemütlichkeit ausstrahlender Ruhepol in der sonst eher von kühler Geschäftigkeit geprägten Schaafenstraße. Alles hier wirkt auf eine anrührende Art und Weise althergebracht und völlig frei vom Drang nach Styling und Design. Ein Relikt – bodenständig auf die des Wortes denkbar beste Art und Weise.

Einige mit Lebensmitteln, Pralinen, Keksen gefüllte Regale an der Wand verweisen, genau wie die alten Glastheken, noch auf die Vergangenheit als Lebensmittelladen. Zwei Reihen mit mobilen Induktionsplatten – so modern ist man an dieser Stelle dann doch – mit jeweils einem Suppentopf darauf signalisieren im vorderen Bereich die inzwischen erfolgte Umwidmung zum Mittags-Imbiss für die Angestellten der umliegenden Büros. Handbeschriebene Schultafeln verkünden das Angebot: Gulaschsuppe, Hühner-Nudelsuppe, Brechbohnen-Kartoffeltopf oder Hack-Käse-Lauch-Suppe – verlässlich sättigende Eintöpfe dominieren das Programm und werden zum Beispiel von gebratenen Nudeln, Hühnerfrikassee mit Reis oder belegten Brötchen ergänzt.

Nur ein einzelner Stehtisch bietet Gelegenheit zum Verzehr vor Ort, der Regelfall hier ist aber ohnehin »zum Mitnehmen«. Wer noch ein Dessert braucht, greift – je nach Gusto und Sättigungsgrad – zum selbst gebackenen Kuchen oder beschränkt sich auf das vor Ort ebenfalls erhältliche frische Obst. Für den späten Hunger ist Gernys allerdings nichts – denn schon um 15 Uhr schließt man hier die Pforten.

Adresse Schaafenstraße 53–55, Altstadt-Süd, Tel. 0221/213174 | **Öffnungszeiten** Mo–Fr 8–15 Uhr | **ÖPNV** Linie 1, 7, 12, 15, Haltestelle Rudolfplatz

38 Ginger
Hühnerfüße zur Vorspeise

Dass Sie trotz der Überschrift weiterlesen, zeigt, wie furchtlos Sie sind. Gut so! Hühnerfüße klingt für Europäer exotisch, ist in der chinesischen Küche aber ein ganz alltäglicher Snack. Frisch oder eingeschweißt gibt es sie flächendeckend. Zugegeben, der Anblick ist befremdlich, um nicht zu sagen für manchen eklig, denn es ist deutlich erkennbar, dass dies einmal Teil eines Tieres war und noch dazu genau, welcher. Also nichts für Sichtvegetarier. Kulinarisch betrachtet ist an den Füßen vor allem Folgendes dran: Haut und Fett. Es ist die Marinade, welche den Geschmack bringt – im Fall vom Restaurant »Ginger« (auf Deutsch: Ingwer) die Schwarzbohnensoße. Das Ganze ist ein glibberiges Vergnügen, und wer keinen Spaß am Abkauen von Knöchelchen hat, wird keine Freude an Hühnerfüßen haben. Dabei ist die Schwarzbohnensoße sehr intensiv und die schlabberige Haut köstlich. Man kann das Gericht auch unter ästhetischen Gesichtspunkten bestellen: Hühnerfüße sollen Frauenhaut schöner machen.

Auf jeden Fall sind sie nur eine Vorspeise und das Ginger eines der besten chinesischen Restaurants der Stadt. Und noch dazu eines, das nicht die übliche 08/15-China-Einrichtung hat, sondern angenehm schlicht eingerichtet ist, die Wände hell, das Holz dunkel, und die großen Fenster lassen viel Licht herein.

Neben Klassikern der chinesischen Küche gibt es vieles zu entdecken, obwohl die Karte nicht ausartet, sondern übersichtlich bleibt und sich auf das konzentriert, was man hier besonders gut beherrscht. Zum Beispiel das gebratene Rindfleisch XO mit scharfer, exotischer Soße oder das Rindfleisch mit Kartoffeln und Zimt nach kantonesischer Art. Ein phantastisches Sommergericht ist die in Scheiben geschnittene warme Salami kantonesischer Art mit knackigem Pak Choi.

Im Ginger gibt es neben heimischem und chinesischem Bier sogar ein paar ordentliche Weine. Es ist eben ein angenehm anderer »Chinese«.

Adresse Steinfelder Gasse 1, Altstadt-Nord, Tel. 0221/16924913 | **Öffnungszeiten** Mo–So 11.30–15 und 17.30–23 Uhr | **ÖPNV** Linie 3, 4, 5, 16, 18, Haltestelle Appellhofplatz | **Internet** www.restaurant-ginger.de

39 Great Wall
China jenseits von Nummer 87 süßsauer

Um es gleich vorab zu sagen: Wer ein typisches All-you-can-eat-Büfett, überbordend von billigem Schweinefleisch süßsauer, sucht, der ist hier falsch (gleichwohl gibt es ein Mittagsbüfett). Das Great Wall ist ein kleines, funkelndes Juwel in der sonst recht eintönigen Landschaft der chinesischen Restaurants in Köln (zwei weitere Ausnahmen sind Bai Lu, auf Seite 28 und Ginger, auf Seite 84). Seit der Eröffnung im Jahr 2007 hat es sich zielstrebig zum inzwischen unbestritten besten »Chinesen« der Stadt emporgekocht. Anfangs noch Geheimtipp, erfreute es sich schnell breiterer Beliebtheit. Kein Wunder: Authentischer und abwechslungsreicher wird man hier nirgendwo chinesisch bekocht.

Natürlich, es gibt auch Klassiker wie Frühlingsrollen, gebratene Nudeln oder knusprige Ente. Aber ein Blick auf die Karte zeigt, dass hier Entdeckungen zu machen sind, die weit über das übliche China-Einerlei hinausreichen. Entenmagen, gebratene Schweinenieren oder -darm sowie Schweineblut mit Garnelen, Tintenfisch und Pilzen sind Gerichte, die vielleicht nicht jedermanns Sache sind, aber ein umso eindeutigeres Indiz dafür, dass hier mit sehr viel Willen zur Authentizität gekocht wird. Auch die auffällig hohe Quote asiatischer Gäste ist ein deutliches Zeichen in diese Richtung.

Wir haben uns für den Quallensalat mit Gurken und das dazu passende Bier entschieden und es nicht bereut. Ein feiner Salat, dessen Geschmack weniger von den geschmacklich eher zurückhaltenden Quallen als vielmehr von Gurke, Ingwer und Chili bestimmt wird.

Doch egal, ob man sich wagemutig für eine der Spezialitäten entscheidet oder doch lieber etwas wählt, das einem vertrauter ist: Einen Besuch ist das Great Wall allemal wert. Die Küche glänzt mit tadelloser Frische der verwendeten Produkte und Sorgfalt bei der Zubereitung. Sie ist weit entfernt von der Tristesse des klassischen »Mittags-Büfett-Chinesen«.

Adresse Komödienstraße 37, Altstadt-Nord, Tel. 0221/2774712 | **Öffnungszeiten** Mo–Fr 12–15 und 17–23 Uhr, Sa–So 12–23 Uhr | **ÖPNV** Linie 5, 16, 18, Haltestelle Dom/Hauptbahnhof | **Internet** www.greatwallcologne.de

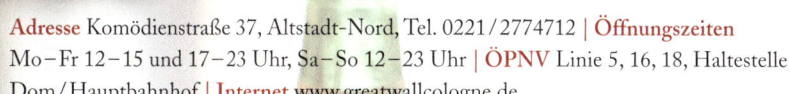

40 Habibi
Die erste Falafel

Wer nie im Habibi gegessen hat, kann beim Thema Falafel nicht mitreden. Hier gibt es nämlich keine vorgefertigten Kümmerlinge in ranzigem Öl, sondern große hausgemachte Kugeln, kross frittiert. Die Bällchen aus Kichererbsenmehl isst man mit Hummus (pürierte Kichererbsen) und Tabbouleh (libanesischer Salat). Die Falafel im Habibi sind nicht nur die besten Kölns, sondern waren auch die ersten.

1997 feierte das Geschäft Einweihung, bereits 1990 eröffnete der Inhaber gar den ersten Falafelladen Deutschlands überhaupt – aus Versehen jedoch in Berlin. Die Auswahl im Habibi ist angenehm überschaubar, dies ist keiner der Läden, in denen es auch Fritten, Bratwurst und Pizza gibt – und das ist gut so. Man konzentriert sich auf libanesische Spezialitäten. Darunter Schawarma, also mariniertes Hähnchenfleisch, das auf einem riesigen Fleischspieß gegrillt wird – die libanesische Variante von Döner und Gyros. Gerösteten Ziegenkäse gibt es auch (Struktur von Gummi – aber köstlich) sowie große libanesische Klöße, gefüllt mit Lammhack. Außerdem Salat, Gemüse, Reis und ein bisschen Nachtisch. Das ist es schon. Mehr braucht es aber auch nicht. Die Zutaten sind frisch, die Gewürzmischungen selbst zusammengestellt. Nirgendwo schmeckt es wie im Habibi.

Die erste Wahl ist der Habibi-Teller, der gleich mehrere Spezialitäten vereint. Zwar kann man die Speisen auch mitnehmen, aber schöner ist es, sie vor Ort zu essen. Übersetzt heißt Habibi »Liebling«, und ein bisschen wie Mamas Liebling fühlt man sich auch, wenn es zur Begrüßung erst mal einen Zimttee gibt. Danach ist einer der frisch gepressten Säfte eine gute Wahl. Und dann ganz in Ruhe die Atmosphäre einsaugen, die angenehme Betriebsamkeit, die arabische Musik, die Terrakotta-Böden, die marokkanischen Kacheln. Auf den roten Kacheln steht übrigens das Gedicht von »Antar und Abla« aus vorislamischer Zeit – eine Art Romeo und Julia.

Adresse Zülpicher Straße 28, Neustadt-Süd, Tel. 0221/2717141 | **Öffnungszeiten** So–Do 11–1 Uhr, Fr–Sa 11–3 Uhr | **ÖPNV** Linie 9, 12, 15, Haltestelle Zülpicher Platz | **Internet** www.habibi-koeln.de

41 Hanse Stube
Kölns gute Stube

In der Hanse Stube findet sich Kölns beeindruckendster Speisesaal: Man sitzt auf gepolsterten Bänken, die Mahagonivertäfelung verströmt beeindruckend die klassische Eleganz eines luxuriösen Spitzenrestaurants. In den beiden Séparées »Spiegelsalon« und »Fischsalon« können private Feiern abgehalten werden.

Die »gute Stube Kölns« nennt sich das von Graf Pilati ausgestattete Restaurant zu Recht, doch kulinarisch ist die Leistung leider manchmal alles andere als gut. Mit Joschua Tepner steht aktuell aber ein begabter Küchenchef am Herd. Wobei die Aufgabe für jeden Koch hier schwer ist: Sieben Tage die Woche hat das Restaurant geöffnet, mittags wie abends. Eine Bank ist der Service, der jeden Mittag etwas vom Silberwagen serviert, als größten Klassiker des Hauses donnerstags die Ochsenbrust mit Bouillonkartoffeln, Rahmwirsing und Meerrettich. An anderen Tagen gibt es eine ganze Scholle in Weißweinbuttersauce oder eine Spanferkel-Haxe mit Schupfnudeln und Champagner-Kraut. Der Maître d'Hotel filetiert oder tranchiert am Tisch, oder flambiert eine Crème brûlée – ganz alte Schule!

Genauso legendär wie der Silberwagen ist das Gänse-Essen der Hanse Stube – man kann sich dieses mit dem »Gänse-Taxi« auch nach Hause bringen lassen.

Verständlich, dass ein junger Koch wie Tepner nicht nur Lust darauf hat, Klassiker zu kochen, sondern sich auch ein wenig selbst verwirklichen will. Deswegen gibt es neben den mit »Tradition« überschriebenen Speisen auch solche, die als »Innovation« bezeichnet werden – was in der traditionellen Hanse Stube allerdings nicht heißt, dass hier nun an vorderster Front der Moderne gekocht wird.

Die opulente Weinkarte bietet vor allem Klassiker – und das zu opulenten Preisen. Auch glasweise, weshalb man lieber eine, immer noch teure, ganze Flasche ordern sollte. Das Menü ist hier preislich locker auf Sterneniveau. Man zahlt eben auch für Ambiente und Service.

Adresse Trankgasse 1, Altstadt-Nord, Tel. 0221/2703402 | **Öffnungszeiten** Mo–So 12–14.30 Uhr, 18–22 Uhr | **ÖPNV** Linie 5, 16, 18, Haltestelle Dom/Hbf. | **Internet** www.excelsiorhotelernst.de/restaurants-bar/hanse-stube

42 Haus Scholzen
Der Ehrenfelder Senfrostbraten

Das isst man hier: Ehrenfelder Senfrostbraten vom Schwein mit Senf bestrichen und mit überbackener Zwiebelkruste sowie Bratkartoffeln. Der Klassiker des Hauses schlechthin. Und danach: Hochprozentiges aus eigener Produktion. Zum Beispiel den Kräuterhalbbitter »Scholzens Jagd«, »Kölschen Grappa« (Riesling-Hefebrand) oder den Halbbitter »Ehrenfelder Tröpfchen«.

Bei Scholzens wird gutbürgerliche Küche serviert. Mit Betonung auf »gut«. Die findet sich heute viel zu selten. Hier gibt es sie, und hier gibt es viele kölsche Klassiker: Himmel und Äd, Reibekuchen, Kölner Hackrouladen, Graupensuppe. Und als Beilage gerne mal Petersilienkartoffeln. So gehört sich das nämlich. Marie-Luise und Karl Scholzen achten darauf, dass alles seine Ordnung hat. Es gibt auch modernere, leichtere Gerichte und eine täglich wechselnde Karte, aber beim ersten Besuch muss der Senfrostbraten sein, sonst war man nicht wirklich hier.

Wie das Essen, so die Einrichtung: klassisch. Vorne ein Schankraum mit Kupfertheke, es gibt Delfter Kacheln, Holzstühle mit Polstern, schwarz-rote Bodenkacheln, Gemälde an den Wänden, eine alte Holzdecke und sogar einen Biergarten – was wohl niemand vermutet, der die Eckgaststätte an der viel befahrenen Venloer Straße von außen sieht. Ebenso wenig würde man vermuten, dass es eine gute Weinkarte gibt. Aber auch da täuscht man sich.

Seit 1907 gibt es das Haus Scholzen, zuvor hieß es »Ehrenfelder Hof« und war ein Ausflugslokal – damals war Ehrenfeld noch ein Dorf. Auch heute noch wird hier Kölner Gasthaustradition gepflegt, bald in der vierten Generation. Als Kölsch fließt Gaffel aus dem Fass, Kinder und Hunde sind ausdrücklich willkommen.

Neuerdings gibt es nebenan das Café-Bistro »Scholzen Privat« (geleitet von Tochter Christina). Und auch das herausragende Weinhandelshaus Scholzen gegenüber gehört einem Mitglied der Familie. Kulinarische Rundumversorgung.

Adresse Venloer Straße 236, Ehrenfeld, Tel. 0221/515919 | **Öffnungszeiten** Mi–So 11.30–15 und 18–1 Uhr, Sa 17–24 Uhr | **ÖPNV** Linie 3, 4, Haltestelle Piusstraße | **Internet** www.haus-scholzen.de

43 Henne Weinbar
Sharing is caring

Vorsicht: Der Name des Restaurants verweist nicht wie bei KFC auf eine kulinarische Spezialität des Hauses, sondern auf denjenigen, der sie zubereitet. Hendrik »Henne« Olfen, der junge, blondbärtige Küchenchef, war einst Sous-Chef von Hans Horberth im »La Vision«, und vertrat ihn nach dessen Unfall kongenial. Nach einigen Wanderjahren fand er in der Pfeilstraße zum eigenen Herd. Stolze 82 Plätze hat das Restaurant, trotzdem sollte man lieber reservieren – bei gutem Wetter unbedingt im schönen Innenhof, von dem aus man einen Blick in die Küche hat.

Die klassische Menüfolge – Vorspeise, Hauptgang, Dessert – gibt es hier eigentlich nicht. Alle Speisen haben ungefähr dieselbe Größe, man kann wild kombinieren, und wer zwischendurch Lust auf einen weiteren Gang bekommt, bestellt ihn einfach nach. Das Tapas-System – aber mit Fine-Dining-Speisen. Besonders gut gelingen hier stets die Gerichte vom Holzkohlegrill, und oft versucht Olfen seinen Speisen einen kleinen, genialen Dreh zu geben. Unterteilt ist die Karte in #sharing is caring #kalt #warm #süß/käse, und immer ist auch etwas Vegetarisches dabei. Dass Olfen in Spitzenhäusern gearbeitet hat, merkt man an einem Gang wie dem gegrillten Oktopus (am Stiel), den er in rohem Brokkoli wendet und mit einer feinbitteren Olivencreme genial begleitet. Meist gibt es drei Hauptdarsteller bei den Gerichten, und alle dürfen zeigen, was sie aromatisch draufhaben.

Lunch gibt es auch, da wird dann auch ein Menü angeboten oder große Sattmacher-Gerichte, wenn es schneller gehen soll.

Unser Tipp: Gehen Sie zu viert, bestellen Sie alle Speisen der Karte, und teilen Sie lustvoll. Dazu einen Wein der sehr gut zusammengestellten Weinkarte, die in »Icon«, »Classic« und »Freak« unterteilt ist. Das alles zu Preisen, die, wenn man die Qualität und Genialität der Speisen bedenkt, im Bereich der Schnäppchen liegen.

Adresse Pfeilstraße 31–35, Altstadt-Nord, Tel. 0221/34662647 | **Öffnungszeiten** Mo–So 12–24 Uhr | **ÖPNV** Line 1, 7, 9, 12, 15, Haltestelle Rudolfplatz | **Internet** www.henne-weinbar.de

44 Hippodrom
A day at the races

Die großen Tage des Galopprennsports, so scheint's, sind in Deutschland vorüber. Baden-Baden, Ascot, der Prix de l'Arc de Triomphe, der »Galopper des Jahres« – das alles sind Begriffe aus einer längst vergangenen Zeit. Auch um die Galopprennbahn in Köln-Weidenpesch ist es ruhiger geworden. Die Zeiten, in denen Renntage noch eines *der* gesellschaftlichen Ereignisse der Saison waren, sind passé. Wenn das weite Oval mit dem vielen Grün herum in den letzten Jahren in der Presse auftauchte, dann meist nur im Zusammenhang mit diversen Bebauungsplänen für einen Teil der über 50 Hektar.

Aber trotz aller gelegentlichen Schwierigkeiten – noch ist der Rennbetrieb nicht eingestellt – rund zehn Renntage wies der Kalender zuletzt aus. Die ganz große Welt findet sich dann vielleicht nicht mehr ein, aber ein besonderes Flair umweht das riesengroße Gelände im Kölner Norden an solchen Tagen dann doch. Die Pferde, die schöne alte Holztribüne, die bunte Mischung der Besucher – all das bildet den Hintergrund für einen perfekten »day at the races«.

Eine Wette – und was wäre ein Rennbahnbesuch ohne die – ist schon ab 50 Cent möglich, und wer danach etwas essen oder trinken will, der besucht entweder einen der vielen Stände auf dem Gelände oder aber das »Hippodrom«.

Im 1987 an historischer Stelle – Anfang des letzten Jahrhunderts stand dort das »Clubhaus« – neu erbauten Gebäude gibt es an Renntagen ein Büfett zum Festpreis und ab 14 Uhr zusätzlich diverse Kuchen und Waffeln. Wir empfehlen, auf der überdachten Terrasse mit hervorragendem Blick aufs Geläuf Platz zu nehmen, eine Bergische Waffel mit heißen Kirschen und Vanilleeis zu bestellen und bei einer der Damen vom Rennverein mobil eine Wette zu platzieren. Und, sollte man ganz überraschend mit der Dreier-Einlauf-Wette richtigliegen, den Gewinn gebührend mit einer Flasche Sekt oder Champagner zu feiern.

Adresse Scheibenstraße 40, Galopprennbahn Köln-Weidenpesch, Weidenpesch, Tel. 0221/743344 | **Öffnungszeiten** an Renntagen (außerhalb siehe Website) Büfett 11.30–15.30 Uhr, Kuchen und Waffeln ab 14 Uhr | **ÖPNV** Line 12, 15, Haltestelle Scheibenstraße | **Internet** www.hippodrom-koeln.de

45 Hyatt
Der 5-Sterne-Brunch

Doch, wir legen uns fest: Der beste Sonntagsbrunch findet sich auf der anderen Rheinseite. Und zwar direkt neben der Hohenzollernbrücke im Kölner Hyatt-Regency. Und nein, günstig ist es hier nicht, trotz des Begrüßungs-Crémants und der im Preis inbegriffenen Heißgetränke. Doch man täte dem Hyatt unrecht, wenn man seinen Brunch mit normalen Maßstäben mäße. Um sich eine Vorstellung von Art und Struktur des Angebots dort machen zu können, muss man sich nämlich von dem, was gemeinhin unter diesem Titel angeboten wird, weitgehend lösen.

Sicher, auch im Hyatt gibt es eine große Auswahl an Brot, Brötchen, dazu Aufstriche in mannigfaltigen Variationen. Aber das ist nur der kleinste Teil des im wahrsten Sinne des Wortes atemberaubenden Angebots. Aber schon die relativ späte Startzeit des 5-Sterne-Brunchs um 12.30 Uhr deutet es an: Den Gast erwartet eher ein um Frühstücks-Elemente erweitertes, umfassendes Mittagsbüfett. Und zwar auf einem Niveau, das dem eines 5-Sterne-Hotels ohne jede Einschränkung gerecht wird. Verschiedene Stationen, an denen teils live gekocht wird – Front Cooking, wie das heutzutage neudeutsch heißt –, offerieren ein breites Spektrum warmer Gerichte. Es finden sich Eierspeisen genauso wie diverse Suppen, eine kleine Sushi-Bar, saisonale Spezialitäten, dazu Pasta, Fleisch, Fisch – alles ausnahmslos von bester Produktqualität.

Auch der Service hält dieses Niveau. Komfort und Wohlbefinden seiner Gäste gehen dem Hyatt über alles – bei einem 5-Sterne-Haus darf man das aber auch so erwarten. Das Tüpfelchen auf dem i: der Blick von der Schäl Sick auf Altstadt, Dom und Hohenzollernbrücke. Eine schönere Sicht auf die Stadt dürfte schwer zu finden sein.

Für spontane Besuche ist der Brunch im Hyatt allerdings nichts. Denn dessen außerordentliche Qualität hat sich herumgesprochen. Ein drei- bis vierwöchiger Vorlauf bei der Reservierung wird dringend empfohlen.

Adresse Kennedy-Ufer 2a, Deutz, Tel. 0221/82811773 | **Öffnungszeiten** So 12.30–15.30 Uhr | **ÖPNV** Linie 1, 9, Haltestelle Köln-Messe/Deutz | **Internet** www.cologne.regency.hyatt.de

46 __ Il Gelato di Ferigo
Eis trifft Pumpernickel

Über das beste Eis lässt sich trefflich streiten, und die meisten lieben und verteidigen ihre Eisdiele um die Ecke. Leider mischen viele jedoch nur noch Fertigaromen in ihr Eis, von eigenen Produkten keine Spur. Das genaue Gegenteil macht Giacomo Ferigo, bei dem alles Eigenkreationen sind, über 30 Sorten gibt es, aber nicht alle zur gleichen Zeit, sondern je nachdem, was gerade an Früchten und Zutaten in der benötigten Qualität da ist.

Grundlage sind Biomilch und eine eigene Zuckermischung, die in ihrer kristallinen Struktur perfekt für Eis ist. Gelernt hat der von einem Bauernhof im Friaul stammende Giacomo Ferigo sein Handwerk auf der »Eis-Universität« von Donata Panciera in Conegliano (Veneto).

Bis zu 300 Kilogramm Eiscreme verkauft der Perfektionist am Tag, umgerechnet rund 7.500 Kugeln. Fast immer stehen Schlangen vor dem Laden, viele essen ihr Eis auf dem Gehsteig oder sitzen in einer der Fensternischen. Natürlich gibt es auch drinnen Plätze, aber die sind fast immer besetzt. Und selbstverständlich sind auch Eisbecher im Angebot, unter anderem der Klassiker Spaghettieis. Aber ehrlich gesagt sollte man davon die Finger lassen, denn der Eisgeschmack ist bereits so großartig, dass man ihn nicht mit Sahne, Soße oder Nüssen übertönen sollte.

Besonders die Fruchteissorten sind atemberaubend, für sie wird auch Obst von Kunden verwendet. Unglaublich, wie das Wassermeloneneis die Essenz der Frucht einfängt oder das Weinbergpfirsicheis die Feinheit des Obstes. Das zartschmelzende Schokoladensorbet ist der Himmel für Schokoholiker. Exoten wie Birne-Petersilie, Orange-Basilikum oder indisches Kulfi sind für Neugierige. Ein Erlebnis ist das Pumpernickel-Eis, ein wenig mit Schokolade und Frucht versetzt, ein Eis für Wintertage, das einen die Süße des Brotes schmecken lässt, seine Würze und Nussigkeit. Man glaubt, es kann nicht funktionieren, doch das tut es. Und wie!

Adresse Goltsteinstraße 32, Bayenthal, Tel. 0221/341888 | Öffnungszeiten Di–So 11–22 Uhr | ÖPNV Linie 16, Haltestelle Schönhauser Straße | Internet www.ilgelato.de

47_Jakubowski
Die Rückkehr des Sonntagsbratens

Der Sonntagsbraten – noch eine dieser kulinarischen Traditionen, die hierzulande leider im Aussterben begriffen sind. Schmoren ist, in Zeiten von Sous-vide (Vakuumgaren) und kerntemperatur-gesteuerten Backöfen, eine vermeintlich veraltete Kunstform. Was wir ausgesprochen bedauern. Und zwar nicht nur wegen der wehmütigen Erinnerungen an sonntägliche Festtafeln im Kreise der Familie, sondern auch, weil so eine kulinarische Zubereitungsform in Vergessenheit zu geraten droht, die große Vorteile in sich birgt.

Doch an der Mülheimer Freiheit liegt ein Café, das sich zum Ziel gesetzt hat, diese schöne Tradition zu bewahren. Hier gibt es ihn noch, den guten alten Schmorbraten – jede Woche aufs Neue und stets einen anderen. Bei unserem Besuch gab es eine der sommerlichen Jahreszeit angemessene italienische Variante: Brasato al Barolo – also Rinderschmorbraten in Rotweinsoße –, begleitet von Kartoffelgnocchi, Zucchini und geschmolzenen Tomaten.

Braten, Beilagen und Gemüse des Jakubowski'schen Sonntagsbratens variieren, aber das grundlegende Konzept des Tellers bleibt das gleiche: Zu großzügig bemessenen Schmorstücken gibt es ein saisonal passendes Gemüse und eine Sättigungsbeilage – die in diesem Falle eher Soßentransport-Vorrichtung ist. Denn neben der zart-mürben und dabei saftigen Fleischkonsistenz ist ein, wenn nicht gar *der* zentrale Vorteil des Schmorens die dabei entstehende Soße. Während der langen Garzeit im Ofen bildet sich ein intensives Elixier wohlschmeckendster Röstaromen. Ein Zaubertrank, der seine wohltuende Wirkung so richtig aber erst zusammen mit den klassischen Beilagen der deutschen Küche – Salzkartoffeln, Semmel-, Kartoffel- oder Serviettenknödeln oder auch Spätzle – entfaltet.

Wir jedenfalls warten schon sehr gespannt auf den nächsten Sonntag. Vielleicht gibt es dann ja einen Schweinebraten. Oder Rindsrouladen. Oder Kalbsbäckchen. Oder, oder, oder …

Adresse Mülheimer Freiheit 54, Mülheim, Tel. 0221/9661110 | **Öffnungszeiten** Mo–So 10–24 Uhr, Sonntagsbraten ab 12 Uhr | **ÖPNV** Linie 4, 13, 18, Haltestelle Wiener Platz | **Internet** www.jakubowski-koeln.de

48 Johann Schäfer
Brauhaus zwo-punkt-null

Das Brauhaus ist in Köln eine Bastion von Tradition und Brauchtum. Über die Art und Weise, wie es auszusehen hat, herrschen in der Stadt ebenso klare Vorstellungen wie über das dort meistausgeschenkte Getränk. Blankgescheuerte Holztische gehören zum Brauhaus-Kanon ebenso, wie der Porzellan-Mostertbecher obenauf. Auf der Karte haben sich Sauerbraten, Halver Hahn und Hämmchen zu finden, dazu gibt's vom Köbes in blauem Wams frisch gezapftes Kölsch aus dem Kranz. Alles andere – ein Sakrileg, in Köln schlicht nicht vorstellbar.

Es sein denn, man heißt Till Riekenbrauk, ist ebenso umtriebiger wie kreativer Gastro-Unternehmer, und hat sich auf die Fahnen geschrieben, das Konzept Brauhaus mal ordentlich zu entstauben und vom Muff der vergangenen Jahrzehnte zu befreien. Herausgekommen ist dabei nicht weniger als das Brauhaus für das 21. Jahrhundert. Nichts illustriert das so gut wie die Tatsache, dass das meistverkaufte Getränk hier eben nicht Kölsch, sondern das eigens für das Brauhaus entwickelte, ungemein süffige Pils ist.

Aber auch die Karte im Johann Schäfer kann sich sehen lassen. Sie ist modular aufgebaut – Beilagen, Salate, Gemüse, Fleisch lassen sich frei nach eigenem Gusto miteinander kombinieren. Was die Küche dann schickt, ist qualitativ weit über dem, womit viele andere Brauhäuser ihre Gäste abspeisen. Duroc als Standard für die Schweinefleisch-Gerichte ist ein klares Indiz für die kulinarische Ambition. Und der »Gegrillte Blumenkohl« mit Schwarzbrotsoße und Rhabarberstreusel beispielsweise müsste sich auch im Fine Dining Bereich nicht verstecken. Ein Brauhaus, in dem auch Vegetarier glücklich werden? Doch, das geht. Ziemlich gut sogar.

Dass dieses Brauhaus »2.0« dann auch noch der Ort in der »Elsaßstrooß« ist, der die Bläck Fööss zu einem ihrer schönsten Songs inspiriert hat, ist dann noch einmal eine ganz andere Geschichte ...

Adresse Elsaßstraße 6, Neustadt-Süd, Tel. 0221/16860975 | **Öffnungszeiten** Mo–Fr 12–22 und Sa–So 10–22 Uhr | **ÖPNV** Linie 15–17, Haltestelle Chlodwigplatz | **Internet** www.Johann-Schaefer.de

49 Kantine Mazal Tov
Vielfältig koscher

Die jüdischen Speiseregeln sind eigentlich recht übersichtlich: kein Blut, Fleischiges streng getrennt von Milchigem, nur Fleisch von Tieren mit zwiegespaltenen Hufen, die wiederkäuen (also Rinder, Ziegen, Schafe, Damwild – aber nicht Schweine oder Kamele) oder von domestiziertem Geflügel. Aus dem Wasser nur, was Flossen und Schuppen hat. Und doch sorgen diese Vorgaben dafür, dass jemand, der gewillt ist sich nach ihnen zu ernähren, letztlich von nahezu allen gastronomischen Angeboten dieser Stadt ausgeschlossen bleibt.

Eine der wenigen Ausnahmen hierzulande: die Kantine Mazal Tov der jüdischen Gemeinde in der Synagoge an der Roonstraße. Hier wird streng nach der Kaschrut gekocht. Die jüdische Küche ist geprägt von den Einflüssen vieler verschiedener Länder und Kulturen. Und so ist auch die Speisekarte des Mazal Tov vielfältig und international geprägt. Es finden sich Gerichte mit osteuropäischen, orientalischen und natürlich auch israelischen Wurzeln. Der klassische, traditionsreiche Tscholent fehlt ebensowenig wie gefillte Fisch oder die levantinischen Klassiker Hummus und Falafel. Die Weine auf der kleinen Karte sind selbstverständlich allesamt koscher.

Dass ein koscheres jüdisches Restaurant in Deutschland auch fast 70 Jahre nach Kriegsende keine Selbstverständlichkeit ist, stimmt sehr traurig. Aber auch in der ältesten jüdischen Gemeinde nördlich der Alpen (seit dem Jahr 312!) kann man ausschließlich nach telefonischer Anmeldung essen. Der ständige Streifenwagen vor der Synagoge, die Überwachungskameras, der Gang durch die Sicherheitsschleuse – ein Besuch in der koscheren Kantine Mazal Tov führt schmerzlich vor Augen, wie unendlich weit auch heute noch jüdisches Leben von Normalität entfernt ist. Wir raten dennoch, sich von diesen Hürden nicht abschrecken zu lassen – denn dahinter wartet eine zwar einfache, aber hochfeine Küche auf den Gast.

Adresse Roonstraße 50, Neustadt-Süd, Tel. 0221/2404440 | **Öffnungszeiten** nach telefonischer Vereinbarung | **ÖPNV** Linie 12, 15, Haltestelle Zülpicher Platz | **Internet** www.mazaltov-koscher.de

50 Karl Hermanns
Böhmermanns Best Burger

Jan Böhmermann hat Recht. Der »ZDF Neo Magazin Royal«-Moderator sagte in seiner Sendung »Ich schwöre: die besten Burger Kölns. I am fucking serious«. Mittlerweile hat der Laden angebaut. Dabei kann man mit einer Burger-Bude heutzutage eigentlich keinen mehr hinter dem Ofen vorlocken, doch hier stimmt einfach alles. Das Fleisch stammt vom »Bœuf de Hohenlohe«, einer historischen Rinderrasse, die seit einigen Jahren wieder erfolgreich in Nordwürttemberg gezüchtet wird. Die Weiderinder grasen im Sommer und werden im Winter mit Wiesenheu gefüttert. Antibiotika, Wachstumsförderer und andere Zusatzstoffe sind verboten. Das Fleisch wird täglich frisch gewolft, Ergebnis ist ein herrlich purer Rindfleischgeschmack. Auch, weil die Patties richtig zubereitet werden und supersaftig sind.

Ein weiterer Grund: das Brötchen, welches Bun genannt wird. Hergestellt wird es von einer Bäckerei im Kölner Umland, es ist ein Brioche, doch nicht wie oftmals zu süß, zudem kommt es warm auf den Tisch.

Alle Zutaten sind klug gewählt: der Wolfsbarsch ist Wildfang, das Hühnchen bio, der Bacon stammt vom schwäbisch-hällischen Landschwein, der Käse ist irischer Bauern-Cheddar oder Hartington Stilton aus Derbyshire. Meine Empfehlung: der Burger No. 3. Mehr braucht ein Burger nicht, wenn die einzelnen Zutaten so gut sind wie hier. Auch im vegetarischen und veganen Bereich gibt es eine gute Auswahl.

Das »Karl Hermann's« ist aber mehr als ein Burger-Laden, es fühlt sich an wie eine Cocktailbar (Cocktails gibt es übrigens auch), man sitzt nett, und wer keine Lust auf Burger hat, bleibt nicht hungrig, denn Dry Aged Steaks oder Salate überzeugen ebenfalls. Dazu gibt es viele Tages-Specials. All das hat seinen Preis. Deshalb macht es keinen Sinn nach einer Sauftour reinzutorkeln, um sich Fett und Kohlenhydrate reinzudrücken. Wer genießen will, ist dagegen richtig.

Adresse Venloer Straße 538, Ehrenfeld, Tel. 0221/59557960 | **Öffnungszeiten** Mo–Do 11.30–23 Uhr, Fr 11.30–24 Uhr, Sa 10–24 Uhr, So 10–22 Uhr | **ÖPNV** Linie 3, 4, Haltestelle Äußere Kanalstraße | **Internet** www.karlhermanns.de

51 L'Accento
Die Speise der Atheisten

Selbst im heiligen Köln kann man Fan von Pfaffenwürgern sein. Man sollte es sogar. Denn im »L'Accento« gibt es diese sehr beliebte Nudel, auf Italienisch Strozzapreti genannt, aus der Emilia-Romagna. Die Herkunft des Namens »Pfaffenwürger« ist unklar. Eine Version besagt, dass die hungrigen Priester die leckere Nudel so schnell in sich hineinspachtelten, dass sie daran fast erstickten. Eine andere, dass die Pacht an die Kirche einst in Naturalien, und damit auch in Strozzapreti, entrichtet wurde – bei denen das Volk wünschte, die habgierigen Pfaffen würden daran ersticken. Vermutlich haben sie diesen dann aber vor allem gut geschmeckt. Die Strozzapreti können wunderbar Soßen aufsaugen, weswegen sie im »L'Accento« mit einem herrlich saftigen Ragout vom Reh gereicht werden, dessen Fleisch zart und fettarm ist. Die Pasta ist, wie alle Gerichte hier, hausgemacht und al dente gekocht.

Hoffentlich finden Sie dieses Gericht auf der Tafel mit den Tagesgerichten – eine Speisekarte gibt es nämlich nicht. Falls nicht: Pasta ist hier immer eine gute Wahl.

Köln behauptet gern von sich, die nördlichste Stadt Italiens zu sein, das »L'Accento« liefert den Beweis dafür. Seit zwei Jahrzehnten gibt es das Ristorante schon, und es haben sich etliche »Spezialitäten des Hauses« bei diesem Nobelitaliener angesammelt: Babycalamari mit einer gekräuterten Fischfarce-Füllung (der Klassiker des Hauses schlechthin!), Tagliatelle mit frischen Steinpilzen, Filet von Stör mit Safranrisotto (überhaupt: die Fischgerichte!), Schokostornaccio oder Pistazienparfait mit Pistazien aus Bronte (Sizilien).

Das Angebot ist streng saisonal, deshalb sollte man sich nicht zu früh freuen, einen der Klassiker essen zu können. Nur wenn die Zutaten frisch zu bekommen sind, wird ein Gericht angeboten.

Im »L'Accento« speist man stilvoll, entweder drinnen bei Kerzenschein oder im Sommer auf der netten Terrasse.

Adresse Kämmergasse 18, Altstadt-Süd, Tel. 0221/247238 | **Öffnungszeiten** Mo–Fr 12–14.30 und 18–22 Uhr, Sa 18–22 Uhr, So Ruhetag | **ÖPNV** Linie 3, 4, 16, 18, Haltestelle Poststraße | **Internet** www.ristorante-laccento.de

52 La Cuisine Rademacher
Dellbrück Cuisine

Bei Fußballspielern schaut man gern, bei welchen Vereinen sie vorher waren, um ihr Talent und ihre Karriere besser einschätzen zu können. Bei Köchen ist das nicht anders – nur blickt man hier auf die bisherigen Stationen am Herd. Marlon Rademacher hat da einiges zu bieten: Ausbildung im Sternerestaurant »Zur Post« (Odenthal), Praktikum im 3-Sterner »The Table« (Hamburg), danach im 3-Sterner »Waldhotel Sonnora« (Dreis), auf Mallorca beim 2-Sternekoch Carlos Abad im »Tirso« und als Sous Chef im »Wein am Rhein«. Kaum zu glauben, dass er trotzdem erst 23 war, als er sich selbständig machte. Und: Großartig, dass dank ihm Dellbrück jetzt ein Spitzenrestaurant hat!

Offiziell kocht Rademacher klassisch französisch mit internationalen Akzenten. Wenn er dann aber den Tagesfisch mit Pak Choi, Karotten-Ingwer-Püree und Miso-Sud kombiniert, wird klar: Hier steht ein neugieriger junger Koch am Herd, der sich auch gern mal ausprobiert. Da wird schottisches Lammkotelett mit hausgemachten Tortellini kombiniert oder kanadischer Hummer mit Brioche. Man sieht an den Zutaten, dass Rademacher hier global denkt, auch wenn er, wie es aktuell Mode ist, kommuniziert, dass man regional und saisonal kocht. Das macht er natürlich ebenfalls, aber es ist immer eine Freude, wenn er seinem jugendlichen kulinarischen Spieltrieb nachgibt.

Die Menüs wechseln monatlich, mittags gibt es ein sehr günstiges 3er, das ideal ist, um Rademachers Küche kennenzulernen. Seine Speisen richtet er unprätentiös, aber geschmackvoll auf schöner Keramik an. Die kleine Weinkarte bietet Deutsches, Französisches und Italienisches – in dieser Reihenfolge. Auch unter 30 Euro findet sich manche Flasche, und wer lieber Bier trinkt: Aus dem Fass fließt Gaffel. All das genießt man in einer moderne Bistro-Atmosphäre. Und da die S-Bahnhaltestelle sehr nah liegt, kann man ÖPNV und eine zweite Flasche Wein prima verbinden.

Adresse Dellbrücker Hauptstraße 176, Dellbrück, Tel. 0221/96898898 | **Öffnungszeiten** Mi–Fr 12–14 und 18–22 Uhr, Sa 18–22 Uhr, So 12–14 und 18–21 Uhr | **ÖPNV** S 11, Haltestelle Köln-Dellbrück | **Internet** www.la-cuisine-koeln.de

53 La Fonda
Die Flönz macht sich schick

Um die Flönz kreist die Kölner Kulinarik. Wer etwas auf sich hält und Heimatverbundenheit demonstrieren will, sorgt dafür, dass Gäste eine ordentliche bekommen. Der Lackmustest der Brauhausküche ist längst in modernen Bistronomie-Konzepten angekommen, in denen von mediterran bis asiatisch alles auf den Tisch kommt. Im »La Fonda« wird sie in kleiner, gebratener Form serviert, innen fast flüssig, mit Decke Bunne, geröstete Öllisch und Elstar Apfel alles elegant angerichtet und fein aufeinander abgestimmt. Eine Bäuerin im Abendkleid.

Das Ambiente des »La Fonda« (spanisch für Gasthaus) ist allerdings weder Bauernhochzeit noch Ballsaal, sondern Industrial Chic mit offenen Rohren an der Decke. Es gibt Barhocker an der langen Theke, große runde Tische und Nischen auf der Empore. Dort ist es akustisch am angenehmsten, ansonsten kann es sehr laut und hallend sein. Hinter dem Restaurant stecken das benachbarte »Qvest«-Hotel und das ehemalige »Hase Catering«-Team.

Wie die Flönz findet man ebenfalls immer Rinderfilet und Entrecôte vom Txogitxu auf der Karte. Man kann auch nur an der Bar etwas trinken und von der Barfood-Karte Jahrgangssardinen, Rohmilchkäse oder Taggiasca Oliven bestellen. Ein »La Fonda Classic« ist die Frikadelle, die angenehm fluffig, mit schönem Kalbsgeschmack, und nicht überwürzt gelingt, dazu gibt es einen guten Senf der Monschauer Senfmühle. Das alles klingt jetzt sehr nach Fleischküche, doch es wird lobenswerterweise immer ein Gang vegetarisch und vegan angeboten – bei Vor- und Hauptspeisen und Desserts. Der Gesamteindruck: Wohlfühlküche. Keine, die starke Akzente setzt in Sachen Röstaromen, Schärfe oder Säure – bei einem Restaurant mit 120 Plätzen darf man sich Experimente aber kaum leisten. Die Weinkarte macht sogar Freaks Spaß, da sie auch Gereiftes oder Luxus-Preziosen bietet – im Sommer auf der Außenterrasse am schönsten zu genießen.

Adresse Gereonskloster 8, Altstadt-Nord, Tel. 0221/16817515 | **Öffnungszeiten** Mo 12–15 Uhr, Di–Fr 12–15 und 17–24 Uhr, Sa 17–24 Uhr | **ÖPNV** Linie 12, 15, Haltestelle Christophstraße/Mediapark | **Internet** www.lafonda.koeln

54 Landhaus Kuckuck
Sag »Sie« zum Schnitzel!

Tief im Kölner Westen, versteckt im Stadtwald, schwingt einer der ganz großen klassischen Köche Deutschlands den Schneebesen: Erhard Schäfer. Der Mann kann es einfach. Perfektes Handwerk, kompromisslose Produktqualität und ein Händchen fürs Abschmecken, das man einfach hat oder nicht hat.

Das Landhaus Kuckuck besteht aus zwei Restaurants. Dem eigentlichen Landhaus mit entsprechender Küche, die auf der Sommerterrasse und im großen Gastraum – samt Kuckucksuhren an den Wänden – serviert wird, und dem in einem Seitenpavillon untergebrachten Sternerestaurant »Maître« mit nur fünf Tischen. Beide werden aus derselben Küche bekocht und sind in der oberen beziehungsweise obersten Preisklasse angesiedelt – allerdings schmeckt man auch, wieso.

Hier kann alles bedenkenlos bestellt werden. Wir möchten jedoch einen Klassiker empfehlen, den man in solcher Qualität so gut wie nie bekommt – obwohl es ihn sehr oft auf Speisekarten gibt. Einer Legende nach brachte Feldmarschall Radetzky (der mit dem Marsch) das entsprechende Rezept 1857 aus Italien nach Österreich. Doch das ist Schmarrn. Die Herkunft bleibt ungeklärt. Die Rede ist vom Wiener Schnitzel. Erhard Schäfer serviert es in Nussbutter gebraten (eine hell gebräunte Butter, die nussig schmeckt – obwohl sie keine Nüsse enthält) mit Rissoléekartoffeln (Bratkartoffeln) und Blattsalaten in Vinaigrette. Und zu diesem Schnitzel kann man »Sie« sagen. Bei »Oma Kleinmann« (siehe Seite 34) gibt's die beste gutbürgerliche Variante, im Landhaus Kuckuck wird es zur Spitzenküche. Hier ist es natürlich auch nicht »Wiener Art«, sondern ein echtes »Wiener Schnitzel«, also vom Kalb.

Ein anderer Klassiker ist die gebratene Wildlachsschnitte mit grünem Spargel, Orangen-Hollandaise und Petersilienkartoffeln. Klingt unspektakulär. Aber essen Sie das mal. Wenn man so kochen kann wie Schäfer, braucht es einfach nicht mehr.

Adresse Olympiaweg 2, Müngersdorf, Tel. 0221/485360 | **Öffnungszeiten** Di–So 12–14 und 18–21 Uhr, Kaffee und Kuchen 14.30–17 Uhr | **ÖPNV** Linie 1, Haltestelle Alter Militärring | **Internet** www.landhaus-kuckuck.de

55 Landhaus Zündorf
Regional/saisonal auf kölsche Art

Einer der größten Gastro-Trends in den letzten Jahren war sicherlich: regional und saisonal. Wer etwas auf sich hält, der kocht Erzeugnisse von heimischen Feldern, und zwar zu ihrer traditionellen Erntezeit. Der Verweis auf Regional-Saisonales ist inzwischen höchst hilfreich bei der Suche nach neuen Gästen.

Das Musterbeispiel schlechthin für eine Feldfrucht mit Saison ist der Spargel. Die Erntezeit von »Asparagus officinalis« reicht von Anfang/Mitte April bis typischerweise zum Johannistag, dem 24. Juni. Der Zeitraum, in dem Spargel geerntet wird, muss begrenzt bleiben, um der in dieser Zeit stark wachsenden Pflanze eine ausreichende Regeneration bis zum nächsten Jahr zu ermöglichen.

Um Köln herum gibt es gleich drei Gebiete, in denen Spargel angebaut wird: Zum einen ist da die Gegend um Bornheim, in der Nähe von Niederaußen wird der Spargel gar auf einigen Flächen mit Hilfe der Prozesswärme nah gelegener Braunkohlekraftwerke teils auf beheizten Feldern und somit besonders früh gezogen. Das dritte Gebiet liegt am Rande eines der schönsten Ausflugsziele, die Köln zu bieten hat.

In Zündorf, unweit des Altrheinarms namens Groov, wird nämlich seit Ende der 90er Jahre Spargel angebaut. Und ebendort kann man ihn auch probieren – während der Saison hat praktisch jedes der an der Groov-Terrasse gelegenen Ausflugslokale Zündorfer Spargel auf seiner Karte.

Angeboten wird er meist mit Salzkartoffeln, den üblichen Soßen und je nach Gusto zusätzlich mit Schinken, Lachs, Schnitzeln oder Steaks. Für all diejenigen, für die eine Mahlzeit ohne ein Stück Fleisch nicht wirklich vollständig ist, mag das eine Option sein – wir dagegen verzichten auf alles Beiwerk. Wohl wissend, dass wirklich frischer Spargel bester Qualität wenig braucht, um seinen Geschmack perfekt zur Geltung zu bringen. Ein paar Salzkartoffeln und etwas zerlassene Butter reichen dafür völlig aus.

Adresse Marktstraße 27, Zündorf, Tel. 02203/81203 | **Öffnungszeiten** Di–So 12–24 Uhr | **ÖPNV** Linie 7, Haltestelle Zündorf | **Internet** www.landhaus-zuendorf.de

56 LangerLenz
Lecker Frikadellschen

Gehste inne Stadt, wat macht dich da satt? En Frikadellschen! Natürlich gibt es auch Currywurst in Köln, aber ureigener fühlen sich doch die Auf-die-Hand-Klassiker (um mal den Begriff Fast Food zu vermeiden) wie Rievkooche und Frikadelle an. Liebevoll »Frikadellschen« genannt, das klingt so, als wolle man sie am liebsten streicheln – bevor man herzhaft zubeißt. Frikadellen gibt es überall, mal heißen sie Bulette, mal Klops, mal Fleischpflanzerl. Immer aber werden sie aus Hackfleisch, Ei, Zwiebeln und altbackenem, eingeweichtem Brot hergestellt. Nach welcher genauen Rezeptur? Das ist das Geheimnis eines jeden guten Frikadellistas.

So auch bei LangerLenz, dem Nachfolger der legendären Frikadellenschmiede Delikatessen Lang auf der Dürener Straße. Der Standort wurde zwischenzeitlich gewechselt, man ist von Lindenthal herüber nach Braunsfeld gezogen. Am Angebot hat sich jedoch nichts geändert – Gott sei Dank, möchten wir hinzufügen. Denn nach wie vor gibt es Frikadellen.

Und die sind von einer Machart, wie man sie heute leider nur noch selten findet: Nicht zu fettig, ohne den Geschmack von ranzigem Fett, der leider so typisch geworden ist, mit knackigen Zwiebelstückchen, herzhaft gewürzt, selbst kalt noch ein Genuss. Dazu mit perfektem Fleisch-Brot-Verhältnis, nicht zu dicht und fest, sondern geradezu fluffig-leicht. Wir widersprechen hier entschieden dem Irrglauben, viel Hackfleisch mache automatisch eine gute Frikadelle. Sie ist eben viel mehr als gebratenes Hack.

Einen wechselnden Mittagstisch gibt es bei LangerLenz auch, deutsche Klassiker, große Portionen, wer draußen vorbeigeht, kann es riechen – und wird magisch hineingezogen. Das ist Marketing nach Altvätersitte. Aufschnitt für zu Hause nimmt man sich dann gleich mit. Sein Frikadellchen kann man drinnen am Stehtisch verputzen, oder man geht über die Dürener Straße in den Stadtwald mit Kahnweiher.

Adresse Aachener Straße 567, Braunsfeld, Tel. 0221/433135 | **Öffnungszeiten** Mo–Fr 9–15 Uhr, Mi 8–14 Uhr, Sa 9–13 Uhr | **ÖPNV** Linie 1, Haltestelle Clarenbachstift

57 La Société
Kölsche Tapas

So wie das La Société sieht eigentlich kein Sternerestaurant aus. Wirklich nicht. Seit fast 20 Jahren existiert es nun schon im »Kwartier Latäng«. Es ist eng, kitschig-plüschig, schrill-farbenprächtig, wird immer mal wieder umdekoriert; manchmal ist der Chic dann sogar ein wenig à la Edelpuff. Es gibt auch einen »Kuscheltisch« in einer von Lichterketten gerahmten steinernen Nische. Dieses Ambiente wie auch die enorm entspannte Atmosphäre machen das La Société so besonders, Restaurantleiter und Sommelier sind bereits seit Ewigkeiten hier und gehören praktisch zum Inventar. All das passt prima zu einem Spitzenrestaurant, das mitten im Studentenviertel zwischen Dönerbuden, Kneipen und Discos liegt. Das La Société ist halt anders. Nicht aber die Küche, die fußt auf der französischen Klassik, ist jedoch auch mal ganz bewusst deutsch, manchmal mit Ausflügen in die asiatische Küche oder die des Mittelmeerraums.

Knapp 30 Plätze gibt es. Außerhalb Kölns ist das Restaurant durch seinen ehemaligen Koch Mario Kotaska bekannt geworden, der nun im Fernsehen das Nudelholz schwingt.

Das Wichtigste kommt hier direkt zu Beginn: das Amuse-Gueule (französisch für Gaumenfreude) oder Amuse-Bouche (Mundfreude) – auch bekannt als »Gruß aus der Küche«. Es ist legendär, denn die Idee dahinter ist schlicht genial: Kölsche Tapas. In diesem Fall erwarten den Gast eben keine spanischen Appetithäppchen, sondern kölsche. Und zwar: eine Mini-Erbsensuppe mit Würstchen, ein Halver Hahn (natürlich ebenfalls mini), »Himmel un Äd« – und eine Mini-Stange Kölsch, damit alles auch auf traditionelle Weise heruntergespült werden kann. Serviert auf einem extra dafür angefertigten Holzbrett, auf dem der Name des Restaurants eingebrannt ist. Modernisiert sind die Klassiker nicht, sondern köstliche Traditionspflege, die zeigt, wie gut die kulinarischen Errungenschaften Kölns sind, wenn man sich mit ihnen richtig Mühe gibt.

Adresse Kyffhäuserstraße 53, Neustadt-Süd, Tel. 0221/232464 | **Öffnungszeiten** täglich 18.30–23 Uhr | **ÖPNV** Linie 9, Haltestelle Dasselstraße/Bahnhof Süd | **Internet** www.lasociete.info

58 Le Moissonnier
Suppe mit Felsen

Eine richtig schöne Bouillabaisse ist ein Gedicht. Diese aus Marseille stammende Fischsuppe kommt wohl dem Gefühl, alle Schätze des Meeres mit einem Schwall zu sich zu nehmen, am nächsten. Wo also in Köln Fischsuppe essen, wenn nicht bei einem Franzosen. Und der beste Franzose – wie auch das beste und höchstdekorierte Restaurant der Stadt überhaupt – ist das »Le Moissonier« von Liliane und Vincent Moissonier, mit seinem Koch Eric Menchon. Es liegt in der Krefelder Straße, einer Ecke, in der man ein solches Haus nicht erwarten würde.

Aber das Le Moissonier ist auch kein normales Spitzenrestaurant. Es sieht aus wie ein französisches Bistro, man sitzt eng zusammen – auch mit den anderen Gästen – an kleinen Tischen, die Atmosphäre ist lebhaft, es wird laut geredet und gelacht, die Kleiderordnung ist laissez faire, und »Jeder Gang ist ein Menu«, meist besteht er aus drei kleinen Portionen. Das Le Moissonnier ist lustvoll essen, lustvoll entdecken, Spitzenküche mit Spaß und ohne steifen Hemdkragen.

Die phantastische »Soupe de Poissons de Roche - Aioli et Croûtons« ist ganz untypisch für dieses Restaurant, kommt sie doch ganz schlicht daher. Aber sie hat es in sich. Das Wichtigste für ihre Qualität ist, dass die Fische von der Mittelmeerküste kommen, vor allem Knurrhahn, Drachenfisch und Meeraal. Je mehr Gräten diese Fische haben, umso besser wird die Suppe. Man nimmt extra Exemplare, die an der felsigen Küste leben – deshalb das »de Roche« im Namen des Gerichts. Dazu kommen Wasser, Weißwein, Fenchel, Staudensellerie, Tomaten und Safran. Die Fische werden gewaschen, aber nicht von ihren Innereien befreit, dann in große Stücke geschnitten, angebraten und abgelöscht. Zum Schluss wird die Suppe püriert und – damit sie ihren Namen südfranzösische Fischsuppe auch verdient – mit einem Schuss Pastis abgeschmeckt.

Fertig ist der Kurzurlaub am Meer!

Adresse Krefelder Straße 25, Neustadt-Nord, Tel 0221/729479 | **Öffnungszeiten** Di–Do 12–15 Uhr (Bestellungen bis 13.15 Uhr) und 18.30–24 Uhr (Bestellungen bis 21 Uhr), Fr–Sa 12–15 Uhr (Bestellungen bis 13.15 Uhr) und 19–24 Uhr (Bestellungen bis 21 Uhr) | **ÖPNV** Linie 12, 15, Haltestelle Hansaring | **Internet** www.lemoissonnier.de

59 Limani
Suppe mit Aussicht

Wer schon einmal selbst in Griechenland war, der weiß, wie sehr die Küche dort vom Meer und dem Fischfang geprägt ist. Im durchschnittlichen griechischen Restaurant hierzulande ist davon allerdings leider meist wenig zu spüren. Schweine- oder Lammfleisch vom Grill bestimmen das Angebot, dazu gibt's Salate, und auch der Auflauf-Klassiker Moussaka darf meist nicht fehlen. Ausnahmen bilden da nur aus der Tiefkühltruhe stammende Calamares und eine Alibi-Dorade, deren durchschnittliche Verweildauer im Kühlschrank die Bestellung meist nicht zwingend nahelegt.

Das Limani macht schon mit seinem Namen eine andere Ausrichtung deutlich. Denn Limáni bedeutet auf Neugriechisch »Hafen«. Die Namenswahl ist natürlich allem voran der Lage – eben am nördlichen Ende des »Siebengebirges« im schicken Rheinau*hafen* – geschuldet. Aber sie gibt auch einen deutlichen Hinweis auf die Ausrichtung der Küche im Restaurant, das außerdem mit einer der wohl schönsten Terrassen direkt am Rhein punkten kann.

Der Lage am Wasser Tribut zollend, finden sich hier eine Menge Fisch und Meeresfrüchte. Sowohl bei den Hauptspeisen als auch bei den »Mezedes«, den »griechischen Tapas«. Dort offeriert die Karte immerhin Babycalamares, Oktopus, Gambas, Sardinen, Stockfischbällchen, Jakobsmuscheln und Dorade sowie »Psarosupa Kakavia«, eine kretische Fischsuppe mit Knoblauchbrot. Wer sie bestellt, erhält eine cremig-dichte, frisch tomatisierte Suppe mit einem deutlichen Safranaroma und perfekt dosierter Hintergrundschärfe. Als Einlage finden sich eine Gamba, eine Jakobsmuschel sowie Filetstücke vom Heilbutt und vom St. Pierre. Allesamt sind sie frisch und mit angenehmem Biss perfekt gegart.

Nach dem Schluck passenden Weißwein – aus der kretischen Rebsorte Vidiano – schließt man die Augen, lauscht dem Wellenschlag des Rheins, und einen Moment lang wähnt man sich in der Hafentaverne einer griechischen Insel.

Adresse Agrippinawerft 6, Neustadt-Süd, Tel. 0221/7190590 | **Öffnungszeiten** Mo–So 10–1 Uhr (Küche 12–23 Uhr) | **ÖPNV** Linie 15, 16, Haltestelle Ubierring | **Internet** www.limanicologne.de

60 — Little Link
(Nicht nur) Sandwiches für Barflys

Fangen wir mit der schlechten Nachricht an: Pulled Pork, die Schweinebraten-Spezialität aus den amerikanischen Südstaaten, die so lange gegart wird, dass sie zu einem amorphen Haufen Fasern zerfällt, ist zwar ungemein wohlschmeckend – aber leider so gut wie unfotografierbar. Schon beim Pulled-Pork-Platzhirschen »Pigbull« war uns ein ansprechendes Bild nicht wirklich gelungen (weshalb wir für dieses Buch zum Pastrami-Sandwich griffen, siehe Seite 172). Unter den stimmungsvoll-schummrigen Lichtbedingungen von Kölns neuestem Zugang in der ohnehin schon reich und hochwertig bestückten Barlandschaft, dem Little Link, waren wir dann ohne jede Chance.

Was bedauerlich ist, denn die Neueröffnung in den gastronomisch recht geschichtsträchtigen Räumen (Roxy, M20!) in der Maastrichter Straße ist für hungrige Nachtschwärmer eine höchst erfreuliche Erweiterung spätnächtlicher Optionen. Wo bislang nur Döner, Burger & Co zur Verfügung standen, gibt es nun mit den auch noch nachts um zwei erhältlichen Sandwiches eine erfreulich hochwertige Alternative.

Wir empfehlen das »sous vide« gegarte Pulled Pork Sandwich. Zubereitet nicht mit der sonst üblichen Barbecue-Soße sondern nach South-Carolina-Art mit einer Soße auf Senf-/Essigbasis und eingelegten Gürkchen. Die feine Säure gibt dem sonst oft etwas schweren Gericht eine angenehme und gerade in der späten Nacht hochwillkommene Leichtigkeit und Frische.

Wir raten übrigens ausdrücklich dazu, auch einen tiefen und ausführlichen Blick in die Cocktail-Karte der hochkreativen und in der kurzen Zeit ihrer Gründung bemerkenswert oft ausgezeichneten Bar zu werfen. Drinks wie der Currywurst-Cocktail – zubereitet mit »bacon-infused« Wodka – oder der popcorn-aromatisierte »Cinema Cocktail« zeugen von der außerordentlich hohen mixologischen Exzellenz von Stephan Hinz und Lars Holzem, den beiden Machern hinter dem Konzept.

Adresse Maastrichter Straße 20, Neustadt-Nord, Tel. 0162/7833366 | **Öffnungszeiten** Mo–Sa 19–2 Uhr (»mindestens«) | **ÖPNV** Linie 3, 4, 5, 12, 15, 16, 18, Haltestelle Friesenplatz | **Internet** www.littlelink.de

61 Lommerzheim

Ko|te|lett, das

»Dortmunder Actien Bier« steht über der Deutzer Gaststätte Lommerzheim an der Siegesstraße. Schäbig sieht sie von außen aus, aber gerade das macht ihren Charme aus – wie auch die Grummeligkeiten des ehemaligen Chefs mit dem knochentrockenen Humor. So wurde der Laden Kult. Ende 2004 beendete Hans Lommerzheim – einst Köbes bei Päffgen – seine Karriere als Gastwirt und machte dicht. Wenig später starb er. Die Brauerei Päffgen kaufte der Witwe das Gasthaus ab und eröffnete es 2008 wieder.

Der historische Gastraum sieht aus wie eh und je, aber ein Gewölbekeller und ein Biergarten sind dazugekommen. Das ist gut so, denn das Lommi platzt immer aus allen Nähten. Dass Hans Lommerzheim unvergessen ist, zeigt ein Denkmal in Form eines Brunnens im Biergarten des Brauhauses, bei dem das Wasser aus einem Zapfhahn über einen Kölschkranz plätschert – mit dem bronzenen Konterfei des legendären Eigentümers.

So legendär wie Lommerzheim selbst sind die Koteletts in seiner Gaststätte. Kolossal sind sie, zwei Rippen dick, dazu werden in Butter angeschwitzte Zwiebeln und Pommes mit Ketchup oder Senf gereicht. Fertig. Es gibt auch andere Gerichte, aber das Kotelett ist hier Kult.

Genauso wichtig ist die trubelige Atmosphäre, hier treffen sich Jung und Alt, die Reichen und die mit wenig Pinke. Einst wollte Bill Clinton rein, doch dafür hätte Hans Lommerzheim allen anderen den Eintritt verwehren müssen. Antwort: »Nä, dat jeiht nit!« Ein Gedeck (Teller, Besteck, Senftöpfchen und ein abgenagter Kotelett-Knochen) wurde am letzten Öffnungstag entwendet und später dem Kölnischen Stadtmuseum geschenkt. Es hat vor, diese Artefakte als Teil einer Ausstellung über Kölner Gaststättenkultur zu präsentieren. Schön und gut und verdient – aber bei Lommi essen ist immer noch viel besser. Und weil das so ist, stehen die Gäste hier immer noch in Schlangen vor der Tür, um eingelassen zu werden.

Adresse Siegesstraße 18, Deutz, Tel. 0221/814392 | **Öffnungszeiten** Mi–Mo 11–14 und 17–24 Uhr | **ÖPNV** Linie 1, 7, 9, Haltestelle Deutzer Freiheit

62_Lu

Eine Schüssel voller Liebe

Fragt man weit gereiste Freunde des Kulinarischen nach der Region, in der es ihnen bisher am besten geschmeckt habe, so erhält man erstaunlich oft die gleiche Antwort: Vietnam. Die Küche dort genießt einen vorzüglichen Ruf. Andere asiatische Küchen, zum Beispiel die chinesische, mögen extremere Zutaten nutzen oder verwegener würzen wie die thailändische – die vietnamesische aber scheint gerade für europäische Gaumen das »rundeste« Gesamtpaket zu bieten.

Was vielleicht nicht zuletzt daran liegt, dass Vietnam in seiner langen Geschichte immer wieder von fremden Mächten besetzt war und in jeder dieser Phasen einige der Ernährungstraditionen seiner Besetzer assimiliert hat. Zuerst die der Chinesen, während der Kolonialzeit dann die der Franzosen, und in der Mitte des letzten Jahrhunderts kam auch noch der ein oder andere amerikanische und russische Einfluss hinzu. So hat sich eine einzigartige Melange entwickelt. Exotisch genug, um auf den europäischen Gaumen geheimnisvoll zu wirken, gemäßigt genug, um dabei nicht zu verstören.

Das Herz der vietnamesischen Küche sind die Suppen, allen voran die Nudelsuppe Pho. Es gibt sie als Pho bo und Pho ga, also rindfleisch- und huhnbasiert, wobei die Kombination ebenfalls denkbar ist. Unbedingt hinein gehören Ingwer, Sternanis, Nelken und Fischsoße. Und natürlich Nudeln, Sojasprossen, Frühlingszwiebeln und Korianderkraut. Weiter aufgefüllt wird ganz pragmatisch mit dem, was Garten und Kühlschrank gerade hergeben. Akribisches Aufzählen der Zutaten ergibt an dieser Stelle ohnehin keinen Sinn – denn eine gelungene Pho ist weit mehr als die Summe ihrer Teile. Sie ist, um die Worte einer aus Vietnam stammenden Freundin zu gebrauchen, eine Schüssel voller Liebe.

Die beste in dieser Stadt findet sich zurzeit unzweifelhaft am Zülpicher Platz im farbenfroh gestalteten Restaurant »Lu«. Ein Besuch sei hiermit von Herzen angeraten.

Adresse Hohenstaufenring 21, Neustadt-Süd, Tel. 0221/54813457 | **Öffnungszeiten** Mo–Sa 12–23 Uhr, So 15–23 Uhr | **ÖPNV** Linie 9, 12, 15, Haltestelle Zülpicher Platz | **Internet** www.lokal-lu.de

63 maiBeck
A Star is born

Bei der Erstveröffentlichung dieses Buches gab es ein Restaurant, das nur wenige Wochen zu spät kam, um noch Aufnahme in unsere Sammlung zu finden. Wir haben das damals sehr bedauert, war uns doch von unserem ersten Besuch an klar, dass mit dem an der Altstadt-Rheinfront gelegenen »maiBeck« ein ganz besonderer Stern am kulinarischen Himmel Kölns aufgegangen war.

Mitten im gastronomisch hochverdichteten, aber fast ausnahmslos mit recht mediokren Angeboten bestückten Martinsviertel haben Jan Cornelius Maier und Tobias Becker ein Restaurant eröffnet, das in vielfältiger Hinsicht bemerkens- und empfehlenswert ist. Allein schon für die Leistung, zwischen die kulinarische Ödnis der sonst allgegenwärtigen Touristenabfütterungsstationen rund um den Dom ein seriöses gastronomisches Angebot geschaffen zu haben, schulden die Kölner Bürger den beiden Köchen Dank.

Die Begriffe »regional und saisonal«, inzwischen leider meist eher Zeichen für konzeptionelle Beliebigkeit denn für kulinarische Exzellenz – hier im maiBeck findet sich ihre wahre Bedeutung. Qualitativ hochwertige Produkte mit Bezug zur Region – vieles kommt beispielsweise aus Vorgebirge und Eifel – treffen auf eine zwar ambitionierte und hochpräzise, dabei aber unprätentiöse und von Effekthaschereien gleich welcher Art völlig freie Küche. Nur scheinbar einfache Positionen wie »Ein Herbstspaziergang – Feldfrüchte aus dem Rheinland« erfreuen immer wieder unser Herz und zeugen von konzeptionellem Mut und Selbstbewusstsein des jungen und sympathischen Macher-Teams.

Ein Mut, der belohnt wird. Nicht nur mit dem hohen Zuspruch, dessen sich das maiBeck bei den Kölnern erfreut –, auch den Testern des Guide Michelin ist noch im ersten Jahr seit der Gründung die außerordentliche Qualität der Küche aufgefallen. Und so ging dann folgerichtig auch ganz buchstäblich ein neuer Stern am Kölner Kulinarik-Himmel auf.

Adresse Am Frankenturm 5, Altstadt-Nord, Tel. 0221/96267300 | **Öffnungszeiten** Di–Sa 12–15, 17.30–23 Uhr, So 12–22 Uhr | **ÖPNV** Linie 5, 16, Haltestelle Dom/Hauptbahnhof | **Internet** www.maibeck.de

64 Malzmühle
Kölner Veralberung

Wer einen Besucher Kölns veräppeln will, der lässt ihn »Halven Hahn« bestellen. Und genießt den Ausdruck auf dessen Gesicht, wenn das Röggelchen (Roggenbrötchen) mit mittelaltem Gouda vor dem Gast abgesetzt wird. Um den Ursprung des Namens rankt sich unter anderem diese Legende: Jemand soll sich, als ihm ein Röggelchen mit Käse serviert wurde, mit den folgenden Worten beschwert haben: »Ääver isch will doch bloß ne halve han.« (Aber ich möchte doch bloß ein halbes haben). Brötchen durchgeschnitten, Gericht erfunden. Vielleicht ist es aber auch der Imbiss des Köbes, wenn das Kölsch im Fass nur noch bis zum »halven Hahn« reicht.

In der Malzmühle gibt es diese Kölner »Nationalspeise« in einwandfreier Qualität. Frisches, krosses Röggelchen, guter Holländer Käse, dick geschnitten. Mit Butter oder, wer mag, mit Senf. Dazu ein Kölsch – und das muss gut sein. In der Malzmühle ist es das, mehr noch, es ist eines der allerbesten. Die vor über 150 Jahren eröffnete Malzmühle ist eine echte Familienbrauerei, die heute in der fünften Generation von der Familie Schwartz geführt wird. Sie ist die zweitälteste Brauerei Kölns und eine der letzten, die noch an ihrem Ursprungsort produziert: am Heumarkt mitten in der Altstadt. Das Bier wird mit Wasser aus dem eigenen Brunnen gebraut, es stammt aus der Eifel und fließt unter der Malzmühle Richtung Rhein. Das Kölsch wird nur leicht filtriert, weswegen es so kräftig-malzig schmeckt – aber nicht länger als 90 Tage haltbar ist. Wird sowieso vorher getrunken!

Auf der Speisekarte stehen die Gerichte auf Kölsch, die Lektüre macht richtig Spaß: Julaschzupp met Röggelche (Pikante Goulaschsuppe mit Röggelchen), Ädäppelszupp (Hausgemachte Kartoffelsuppe mit Lauch), Wooschschlot met Öllich, Gurk und Brodääpel (Wurstsalat mit Zwiebeln, Gurken und Bratkartoffeln) und besonders schön, weil es die Tierwelt unerwartet erweitert: Jebacke Kammenbär (Gebackener Camembert mit Petersilie und Preiselbeeren).

Adresse Heumarkt 6, Altstadt-Nord, Tel. 0221/210117 | **Öffnungszeiten** täglich ab 11.30 Uhr | **ÖPNV** Linie 1, 7, 9, Haltestelle Heumarkt | **Internet** www.malzmuehle.de

65 Maria Eetcafe
Fritten und Bier wie bei den Nachbarn

Viele Pommes-Buden, vor allem die in der zentralen Innenstadt, werben inzwischen damit, »original« belgische oder niederländische Pommes-frites-Kultur zu zelebrieren. Kein Wunder, ist doch vielen Rheinländer deren herausragende Stellung von Kurzausflügen und verlängerten Wochenenden in Richtung Nordsee oder Ardennen nur zu gut bekannt. Die von unseren westlichen Nachbarn bekannte »Spezial«-Variante, also mit Ketchup, Mayonnaise und klein geschnittenen Zwiebeln als Topping, findet sich deshalb fast überall im Speiseangebot. Doch meist ist damit dann auch Schluss. Eine breitere und authentische *Frituur*-Kultur – meist Fehlanzeige!

Lobenswerte Ausnahme ist das Maria Eetcafe am Hans-Böckler-Platz. Es bietet nämlich nicht nur Pommes frites in vorzüglicher Qualität, sondern auch vieles aus der Angebots-Palette einer typisch belgisch/niederländische *Frituur*. Frikandel, Bitterballen, Bamischeiben und Fleischkroketten gibt es hier ebenso wie die dazu passenden Saucen. Insgesamt 19 Varianten listet da die Karte – wir empfehlen insbesondere die Sauce *Andalouse* (Mayonnaise mit Zwiebeln, Kapern und Kerbel) und die Satésaus (Erdnuss-Soße), ohne die wohl keine echte Frituur auskommt. Selbst Kibbeling, also kleine, in Bierteig frittierte Fischfilet-Nuggets, ist im Angebot.

Dazu trinkt man hier am besten belgische und niederländische Biere, deren Angebot ist kenntnisreich und mit sicherer Hand ausgewählt. Vier Biere vom Fass verzeichnet die Karte (Hoegaarden Witbier, Leffe Blond, Grimbergen Dubbel – und Früh Kölsch). Dazu weitere 15 aus der Flasche – das stärkste ist das extrem malzige »Rochefort Trappistes 10« mit stolzen 11,3% Alkohol. Darüber hinaus wird diese üppige Palette regelmässig durch auf einer Tafel verzeichnete Sonderpositionen ergänzt. Wer sich also einen ersten Überblick über die immerhin in den Rang eines Weltkulturerbe erhobene Bierkultur unseres westlichen Nachbarn verschaffen und vorab eine kulinarisch dazu passende Grundlage schaffen will, ist hier goldrichtig.

Adresse Hans-Böckler-Platz 1–3, Neustadt-Nord, Tel. 0221/94657878 | **Öffnungszeiten** Mo–Fr ab 17 Uhr, Sa–So ab 15 Uhr | **ÖPNV** Linien 3–5 Haltestelle Hans-Böckler-Platz | **Internet** www.maria-koeln.de

66 Markhalle Körnerstraße
Wo das Köftetier wohnt

Seit dem Erfolg der Kreuzberger Markthalle 9 sprießen die kulinarischen »Markthallen« im Lande wie Pilze aus dem Boden. Manche – wie die Markthalle auf der Maastricher Straße – schließen nach nur kurzer Zeit, andere wiederum sind von einer Größe, bei der die Bezeichnung »Halle« doch eher verwegen erscheint.

Ein solcher Scheinriese ist auch die Ehrenfelder »Markthalle Körnerstraße«. Und doch verdient sie die Aufnahme in unsere kleine Sammlung. Schon in der ersten Auflage dieses Buchs fand sich mit dem »Konak« auf der Weidengasse ein Restaurant, dessen Betreiber seit langem die Kulinarik in dieser Stadt bereichert. Inzwischen ist Atila Tosun in die Körnerstraße 21 zurückgekehrt, wo vor mehr als 40 Jahren alles begann.

Dort geht man durch einen langen, schlauchartigen Gang, gefüllt mit Delikatessen wie Passepierre, feinem spanischen Paella-Reis oder echten Roscoff-Zwiebeln. Man geht vorbei an Kühlschränken mit slowakischen und österreichischen Weinen und belgischen Bieren, wenig später gar an einem mit Salzkristallen ausgekleideten und illuminierten Reifeschrank für feines Dryaged Beef. Am Ende des Weges finden sich dann ein paar verstreute Sitzplätze für gleich drei verschiedene kulinarische Angebote: Zum einen »Le Boites«, mit seinen exquisiten belgischen und niederländischen Rohmilchkäsen, Bieren aus Belgien und einigen feinen Weinen. Gegenüber die Theke des Bistros, daneben wiederum eine kleine Metzgerei-Thekenvitrine – hinter der Atila Tosun persönlich bedient.

Wir empfehlen, ein Tagesgericht auszuwählen, sich dazu bei Le Boites eines der belgischen Biere empfehlen zu lassen, um dann an einem der wenigen (!) Sitzplätze die entspannte Ehrenfelder Atmosphäre zu genießen. Wir raten zudem, die Markthalle keinesfalls zu verlassen, ohne bei Atila Tosun noch ein paar Köfte für den heimischen Herd oder Grill zu erwerben. Sie gelten völlig zu Recht als die besten der Stadt.

Adresse Körnerstraße 21, Ehrenfeld, Tel. 0221/121385 | **Öffnungszeiten** (Bistro) Di–Sa 12–19 Uhr | **ÖPNV** Linie 3, 4, Haltestelle Körnerstraße | **Internet** www.markthalle-koernerstrasse.de

67 Maximilian Lorenz
Rheinkiesel mit 4711

Ein Besuch hier beginnt mit einem essbaren Gag: Der Kellner serviert einen dunklen Rheinkiesel und zückt einen Zerstäuber. »Das ist 4711« sagt er und besprüht den Stein, der nun glänzt. »Guten Appetit!«. Für gewöhnlich isst man weder Steine noch Parfüm, aber diese optische Täuschung ist eine cremige Kalbslebermousse – und der Duft mit Bergamotte, Orange und Lavendel »nachgebautes« Kölnisch Wasser. Maximilian Lorenz und Küchenchef Enrico Hirschfeld überraschen ihre Gäste immer wieder gern, und wissen, dass auch im Spitzenrestaurant durchaus geschmunzelt werden darf. Mal erfinden sie das klassische Fischbrötchen neu, mal servieren sie halbierte Kalbsknochen mit Makrele – mittlerweile der »Signature Dish« des Hauses. Das Duo zelebriert eine deutsche Hochküche, alle Zutaten stammen aus Deutschland, die sehr häufig die Inspirationen für die Gerichte sind. Da staunt der Gast, wenn er augenzwinkernd einen Hamachi serviert bekommt, der sich als deutsche Gelbschwanzmakrele herausstellt und von deutschem Mozzarella begleitet wird.

Man genießt all das in klug renovierten Räumlichkeiten, bei denen Licht, Akustik und die Bequemlichkeit der Sitzmöbel stimmen. Nicht nur Deutschland, auch Köln ist nun prominenter im Menü verankert. Das Rinderherz – gereicht als Tatar und Pastrami in Form einer Rose – wird neben Nordsee-Rauchaal von einer Eis-Nocke Kölner Ur-Senf begleitet.

Zwei Menüs – »Innovation« und »Tradition« getauft – gibt es, aber auch à la carte kann man bestellen, heute in Spitzenrestaurants fast schon eine Seltenheit. Das »Maximilian Lorenz« hat mittags zwar nicht auf – das Weinlokal »Heinzherrmann« direkt daneben sehr wohl. Bekocht wird es aus derselben Küche. Hier geht es internationaler zu. Der wahre Star ist die große Weinkarte – im Gegensatz zu der rein deutsch besetzten im Gourmet-Restaurant gibt es hier Weine aus aller Welt.

Adresse Johannisstraße 64, Altstadt-Nord, Tel. 0221/37999192 | **Öffnungszeiten** Di – Sa 18 – 22 Uhr | **ÖPNV** 16, 18, Haltestelle Breslauer Platz | **Internet** www.maximilianlorenz.de

68 Max Stark
Der Nierchen-Test

Innereien sind heikel, Nierchen sind heikler. Allzu oft schmecken sie nach dem, was mal drin war: Urin. Doch sind die Nierchen gut, bedeutet dies, dass der Koch sorgsam arbeitet – und dann ist auch alles andere gut. Im Max Stark – oder Starkse Max – sind die sauren Nierchen in dunkler Soße mit Röggelchen richtig gut. Deshalb ist auch der Rheinische Sauerbraten vom Pferd klasse, und der herrlich saftige Spießbraten mit Schmorzwiebeln ebenso. Außerdem gibt es an verschiedenen Wochentagen unterschiedliche Spezialitäten: Dienstagabend Reibekuchen, Donnerstag ganztags Riesenhämchen, Freitag ganztags Schwäbisch-Hällische Schweinshaxe. Manchmal steht auch Rindfleischsalat auf der Tageskarte – dann unbedingt zuschlagen! Dazu wird Päffgen Kölsch gereicht.

Für Süßmäuler hat das Max Stark wenig zu bieten. Nur Pfannkuchen auf der Tageskarte (manchmal Apfel, ein andermal Zwetschgen) mit Zimt und Zucker. Aber diese sind einerseits riesengroß und andererseits verdammt lecker.

Wenig überraschend: Die Gaststätte im Kunibertsviertel ist sehr beliebt und deshalb meist sehr voll. Mehr als 50 Plätze gibt es ohnehin nicht. Das ist gemütlich und überschaubar. Reservieren ist sehr ratsam – und zwar bis 18 Uhr, danach werden nämlich keine Reservierungen mehr angenommen.

Die Geschichte des Max Stark geht bis 1902 zurück – aber eigentlich ist das Kokolores. Denn 1998 wurde das komplette Haus abgerissen und wieder neu aufgebaut, im Originalstil, selbst die Fenster wurden wieder genauso angeordnet. Die neue Kneipe erhielt den Namen einer ihrer Vorgänger. Vor dem Abriss und Neubau residierte hier allerdings das »Ephesus«. Wie gut, dass man sich entschloss, an die noch ältere Geschichte anzuschließen. Das Max Stark ist ein echtes Schmuckstück unter Kölns Brauhäusern. Ruppige Köbes sucht man hier vergebens. Also auch als Einsteigerlokal für frische Immis erste Wahl.

Adresse Unter Kahlenhausen 47, Altstadt-Nord, Tel. 0221 / 2005633 | Öffnungszeiten täglich ab 11 Uhr | ÖPNV Linie 5, 12, 15, 16, 18, Haltestelle Ebertplatz | Internet www.max-stark.de

69 Meister Lampe
Kernkompetenz Spießbraten

Es gibt Speisen, die scheinen heutzutage – im Zeichen von Foodtrucks und international geprägtem Streetfood – seltsam aus der Zeit gefallen. Ein Beispiel für so eine leicht antiquert wirkende Speise ist der Spießbraten, insbesondere in seiner »to go«-Ausprägung als Spießbraten-Brötchen. Trotzdem hatten wir in unserer Sammlung dafür bislang immerhin noch einen Ort, den uns eine Empfehlung wert war (einen durch den Besuch von Gastro-TV-Star Anthony Bourdain geadelten zudem).

Doch auch in der Kulinarik gilt: Das Bessere ist der Feind des Guten – und mit dem etwas versteckt am Rande des Agnes-Viertels liegenden »Meister Lampe« gibt es das alte Fast-Food-Kulturgut »Spießbraten-Brötchen« in Köln seit geraumer Zeit in einer Qualität, wie man sie in dieser Stadt bislang vergeblich suchte. Das umgebende Brötchen ist in Bio-Qualität, der mit Essig und Öl angemachte Krautsalat ist nach einem alten Rezept des Lehrherren selbstgemacht (es wird aber auch eine Mayonnaise-basierte Coleslaw-Variante angeboten) und der Schweinenacken für den Braten stammt von Neuland – seit 30 Jahren ein Garant für besonders tiergerechte Aufzucht und Haltung. Natürlich steht auch beim Braten selbst höchste Produktqualität im Fokus. »12 Gewürze, 12 Stunden Marinade, 12 Stunden schonende Garung« lautet das Credo – das scheint reichlich Zeit für einen vermeintlich schnellen Imbiss.

Neben dem Brötchen gibt es den Spießbraten selbstverständlich auch als Tellergericht mit klassischem Kartoffelsalat als Beilage, ab 17 Uhr auch zweifach frittierte Pommes frites. Auch bei der Sättigungsbeilage zeigt sich der besondere Qualitätsanspruch des Hauses: Kartoffeln für Salat und Pommes frites stammen aus der Region vom auf Premium-Kartoffeln spezialisierten Rommerskirchener Hof Kartoffelkult. Abgerundet wird das Angebot von diversen Eintöpfen, die allesamt auch im Weckglas zum Mitnehmen angeboten werden.

Adresse Balthasarstraße 3, Neustadt-Nord, Tel. 0221/2907531 | **Öffnungszeiten** Mo–Mi 12–19 Uhr, Do 12–21 Uhr, Fr 12–15 und 18–22 Uhr | **ÖPNV** Linie 12, 15, Haltestelle Hansaring | **Internet** www.meisterlampe.eu

70 Metzgerei Schmitz
Quiche as Quiche can

Zuerst kamen die Römer, irgendwann Napoleon und jetzt breitet sich das Schmitz-Imperium in Köln aus. Die Stadt verschmitzt sozusagen. Folgendes gibt es schon (bei Erscheinen des Buches ist wahrscheinlich schon wieder etwas Neues hinzugekommen): den Salon Schmitz (Café – nix zu essen), die Metzgerei Schmitz direkt daneben (eine Art Bistro – hier kann man sich Essen für das Café holen), darunter Coco Schmitz (Club), die Bar Schmitz (eine ehemalige Pizzeria, jetzt ein Restaurant mit Stuckdecken und französischem Wandmosaik und außerdem einer Eistheke mit eigenem Bio-Eis) sowie die Außenstelle des Cafés im Museum für Ostasiatische Kunst am Aachener Weiher mit schöner Terrasse.

Die Metzgerei Schmitz ist genau das: eine ehemalige Metzgerei. Draußen weiß verkleidet, innen alte Jugendstil-Kacheln und Kronleuchter. Und: der beste Platz in Köln, um Quiches und Bio-Salate zu essen, welche nach Gewicht bezahlt werden und mit einem herausragenden Dressing versehen sind. Trotzdem allererste Wahl hier: die Quiches. Zum Beispiel Spinat-Quiche mit Pinienkernen und Süßkartoffelquiche. Wer etwas Warmes will, bekommt auch ein schönes Entrecote (300 Gramm) mit Pommes frites und Salat oder morgens Rührei mit Chorizo (eine iberische Paprikawurst). Sollte man mal probiert haben.

Das gesamte Schmitz-Imperium ist wahnsinnig hip und deshalb abends oft brechend voll. Wenn es warm genug ist, sitzt man auch gut an der vielbefahrenen Aachener Straße, mitten im Trubel, Großstadtfeeling. Das Publikum ist kunstaffin und schick, die Preise gehoben. Man zahlt auch ein wenig, um dazuzugehören.

Die Kuchen – unter anderem Johannisbeer-Baiser-Torte – wären es aber auch so wert. Nicht trinken braucht man das selbstgebraute »Bier Schmitz« (das es nur hier frisch vom Fass gibt) wie auch den »Schmitz Bitter«, einen Likör mit Rhabarber. Lieber einen frischgepressten Saft – oder ein Pils.

Adresse Aachener Straße 30, Neustadt-Süd, Tel. 0221/1395577 | **Öffnungszeiten** täglich ab 10 Uhr | **ÖPNV** Linie 1, 7, 12, 15, Haltestelle Rudolfplatz | **Internet** www.salonschmitz.com

71 Mosaik Grill
Das Kebap für Besser-Esser

Hört man in Deutschland das Wort Kebap, so ergänzt man es hierzulande im Kopf unwillkürlich durch den Begriff Döner. Doch so zwingend uns angesichts seiner Verbreitung diese Verbindung auch scheinen mag – sie ist es keineswegs. Denn das Wort Kebap bezeichnet im Türkischen »gegrilltes oder gebratenes Fleisch« und wird für eine Vielzahl verschiedener Fleischgerichte benutzt. Recht verbreitet sind beispielsweise die Döner-Variante Iskender, das Adana (Hähnchenfleisch) oder das Şiş Kebap (Lamm/Tomate/Paprika).

Deutlich seltener anzutreffen ist das Lammgericht Cağ Kebab, das ursprünglich aus der am Schwarzen Meer gelegenen türkischen Provinz Artvin stammt. Genau wie bei seinem bekannten Verwandten wird auch hier Fleisch auf einem Spieß rotierend gegrillt, im Gegensatz zum vertikalen Döner dreht sich der allerdings horizontal über weißglühender Holzkohle. Die abgeschnittenen Tranchen werden zudem nicht einfach angehäuft, sondern achtsam auf einen speziellen Spieß, Bico genannt, aufgereiht.

Zwei kleine Unterschiede mit verblüffend großer Wirkung: Denn die intensiven Röstaromen, der Holzkohlenrauch und das geschmolzene Fett des idealerweise fein durchwachsenen Lammfleischs vereinen sich zu einem intensiven, dichten Aromenfeuerwerk. Cağ Kebab verhält sich zum Standart-Döner geschmacklich, wie der delikat angemachte Tatar eines Spitzenrestaurants zum seelenlosen Bratling einer Burgerkette. Das Kebap für Besser-Esser!

Etwas weiter in Richtung Innenstadt steht noch ein zweiter Imbiss, der auf den Holzkohlengrill zur Garung seiner Speisen setzt. Vor dem Kebapland am Ehrenfelder Bahnhof künden zu fast jeder Tageszeit lange Schlangen vom – nicht zuletzt durch Loblieder des TV-Stars Jan Böhmermann befeuerten – Kultstatus. Auch wir können den Besuch dort vorbehaltlos empfehlen. Die feinere Kebab-Variante findet sich aber eindeutig ein paar hundert Meter stadtauswärts.

Adresse Venloer Straße 453, Ehrenfeld, Tel. 0221/16897172 | **Öffnungszeiten** täglich 9–1 Uhr | **ÖPNV** Linie 3, 4 Haltestelle Leyendecker Straße | **Internet** www.mosaik-restaurant.metro.rest

72 __ Moto Foodgarage
Burger mit Ferrari

Gutes Essen und Motorsport gehen nicht automatisch eine Einheit ein. In der »Moto Foodgarage« im Butzweilerhof gelingt genau das aber. Der schwarze Ferrari 250 GTE, Erstzulassung 1961, kostet schlappe 589.000 Euro. Selbst wenn man eine günstige Flasche Wein zum Essen nimmt, wird das Geld im Portemonnaie dafür eher nicht reichen. Aber gucken ist ja ebenfalls schön, in diesem Fall sogar sehr schön. Einige Exponate kann man nicht käuflich erwerben, dafür sind sie historisch noch bedeutender. In der »Motorworld« des Butzweilerhofs befindet sich nämlich auch die »Michael Schumacher Private Collection«: Formel-1-Rennwagen, Helme, Anzüge, Handschuhe, Trophäen. Selten ist ein kleiner Verdauungsspaziergang so faszinierend wir hier. Um 20 Uhr schließt die Motorworld allerdings (nicht das Restaurant!), danach lassen sich die Boliden aber noch aus der Ferne bewundern. Die Inneneinrichtung des Restaurants erinnert an eine Auto-Werkstatt, man sitzt zum Teil auf Ledersofas, im Sommer gibt es auch draußen viele Plätze. Geöffnet ist durchgehend von früh bis spät, es wird sogar Frühstück angeboten.

Man muss es so sagen: Die Moto Foodgarage ist eine der spektakulärsten Restaurant-Locations in Köln. Passend zu Ferrari hat man sich der italienischen Küche verschrieben, die hier solide gelingt. Die Carbonara Tartufata wird klassisch ohne Sahne, dafür aber mit Ei und viel Parmigiano Reggiano zubereitet. Der Clou ist neben richtig gutem und kross angebratenem Guanciale-Speck ein Stich Trüffelbutter. Die Pizza Tonno Ventresca bietet großzügigen Belag: viel sous vide gegarter Thunfisch, wilde Kapern, Kapernäpfel, rote Zwiebeln, alles gut aufeinander abgestimmt.

Die Karte listet gut zwei Dutzend Weine, vor allem aus Italien, darunter wenig Spannendes. Lohnender sind die Highball-Cocktails, wie die mit passenden Namen versehenen »Moto Driver« oder »Blueberry Racer«.

Adresse Butzweiler Straße 35–39, Ossendorf, Tel. 0221/42914969 | **Öffnungszeiten** So–Do 9–23.45 Uhr, Fr–Sa 9–1 Uhr | **ÖPNV** Linie 5, Haltestelle Butzweiler Hof | **Internet** www.moto-foodgarage.com

73 MS Drachenfels
Der Panorama-Brunch

Ein Brunch ist ein Brunch ist ein Brunch, oder? Falsch, ist er eben nicht. Er kann durch die überwältigende kulinarische Qualität seines Angebots herausragen (siehe Seite 98). Er kann aber auch herausragen durch die Eindringlichkeit und Qualität der mit ihm verbundenen Eindrücke und Ansichten. Schließlich ist man während der zwei bis drei Stunden, die ein guter Sonntags-Brunch schon dauern sollte, nicht die ganze Zeit damit beschäftig, auf das Büfett oder den eigenen Teller zu starren. Eine schöne Umgebung kann mindestens ebenso zum Genuss beitragen. Die folgende Empfehlung ist dafür ein Beispiel.

Das Schiff, das an der Frankenwerft direkt an der Kölner Altstadt zur Rundfahrt ablegt, wechselt zwar gelegentlich, aber das Programm an jedem ersten und dritten Sonntag des Monats ist stets das gleiche: Um 10.30 Uhr legt man zur großen Panorama-Fahrt ab, um nach zweieinhalb Stunden wieder an derselben Stelle anzulegen. Dazwischen liegt eine Fahrt, die zuerst rheinaufwärts gen Süden bis ungefähr Rodenkirchen führt, um dann nach einer Kehrtwende erneut am Rheinauhafen, den Häuserfassaden der Altstadt und dem Dom vorbei flussabwärts zur Mülheimer Brücke zu führen. Danach geht es zurück zum Ausgangspunkt an der Rheinpromenade.

Währenddessen gibt es ausführlich Gelegenheit zu brunchen: Das Büfett bietet Käse- und Wurstplatten, Brot, Butter und die üblichen Frühstücksaufstriche, diverse kalte Bratenstücke, aber auch Warmes wie Pasta, Suppen, Schweinekrustenbraten, Wiener oder Nürnberger Rostbratwürstchen und diverse Beilagen. Ein Glas Sekt zur Begrüßung ist inbegriffen, ebenso die Trinkmilch vom Büfett. Alle anderen Getränke, also auch der Kaffee, sind allerdings gesondert zu bezahlen.

Zum Abschluss ein Rat: Dieses Angebot erfreut sich – vor allem in den Sommermonaten und zur Ferienzeit – großer Beliebtheit. Eine frühzeitige Reservierung ist dringend angeraten.

Adresse Frankenwerft, Altstadt-Nord, Tel. 0221/2583011 | **Fahrtzeiten** 1. und 3. So im Monat 10.30–13 Uhr | **ÖPNV** Linie 1, 7, 9, Haltestelle Heumarkt | **Internet** www.k-d.com/de/panoramafahrten/koeln/

74 NeoBiota
Brunch ist tot

Schon mal Wikinger-Müsli gegessen? Der klassische »Gruß aus der Küche« des »NeoBiota« besteht aus Kartoffelcreme, Meerrettich (als Schaum sowie frisch gerieben), Forellenkaviar, crunchy Fischhaut und viel Dill. »Löffel rein, glücklich sein!« ist hier wie bei allen Speisen das Motto.

Laut Wikipedia steht »Neobiota« für »Arten, die sich in einem Gebiet etabliert haben, in dem sie zuvor nicht heimisch waren.« In der Kölner Ehrenstraße steht es für ein Restaurant, das morgens Frühstück (dann nennt es sich »Neo«) und abends Fine Dining bietet (»Biota«). Das Frühstück ist der absolute Hammer. »Brunch ist tot« überschreibt man die Karte und erfindet dann rund zehn Frühstücksklassiker aus aller Welt neu. Das Restaurantteam besteht aus Sonja Baumann und Erik Scheffler, die zuvor im mit einem Michelin-Stern ausgezeichneten Gut Lärchenhof die Küche leiteten und diesen auch mit ihrem »NeoBiota« errungen haben.

Wo soll man beginnen mit der Lobhudelei? Die Pancakes! Es sind japanische, sie sind enorm hoch, enorm fluffig und unfassbar köstlich. Kein Wunder, dass Sonja Baumann als Pancake-Queen gefeiert wird. Allerdings könnte sie auch für ihre Zimtschnecken adlig gesprochen werden. Zubereitet mit Zimt und Kardamom, noch heiß serviert, begleitet von ungesüßter Sahne mit Kaffeegeschmack sind sie ein Gericht puren Glücks. Und wenn sich beim »Aal Benedict« das pochierte Ei über den Aal ergießt, möchte man dem oft verpönten Fisch einen Adelstitel zusprechen.

Auch das Biota ist unkonventionell, Fleisch oder Fisch stehen meist nicht im Zentrum, in der Regel gibt das Gemüse den Ton an, klassische Edelzutaten finden sich kaum. Es gibt eine Weinbegleitung, aber gerade auch die nicht-alkoholische ist sehr empfehlenswert. Als Fan des Restaurants kann man sich neben dem NeoBiota-Kochbuch übrigens auch T-Shirts, Hoodie oder einen Stoffbeutel des Restaurants zulegen.

Adresse Ehrenstraße 43c, Altstadt-Nord, Tel. 0221/27088908 | **Öffnungszeiten** Di–Sa 10–14.30 und 18.30–22 Uhr | **ÖPNV** Linie 1, 7, 9, 12, 15, Haltestelle Rudolfplatz | **Internet** www.restaurant-neobiota.de

75 Nish Nush
Levante to go

Vermutlich hat keine Ethno-Küche innerhalb Deutschlands in den letzten Jahren so viel Furore gemacht wie die der Levante, also der Region an den östlichen Küsten des Mittelmeeres inklusive des Hinterlandes. Insbesondere die israelische Küche ist es, die hierzulande auf großes Interesse stößt, hervorgerufen wohl nicht zuletzt durch den riesigen Erfolg von Yotam Ottolenghis Kochbüchern. Dessen Filiale in Köln steht – zu unserem großen Bedauern – leider noch aus, trotzdem aber findet sich auch in der Domstadt die Möglichkeit, die aromenreiche, vielfältige Küche rund um Kichererbsen, Auberginen, Kreuzkümmel und Co. kennenzulernen. In der obersten Etage des 25hours Hotels The Circle im Friesenviertel beispielsweise hat vor geraumer Zeit ein Ableger von Haya Molchos erfolgreicher Neni-Kette eröffnet.

Unsere Empfehlung gilt aber einer kleinen, auf den ersten Blick leicht zu unterschätzenden Lokalität im Belgischen Viertel: Mitten im pulsierendsten Teil der Aachener Straße, dort, wo nahezu die Hälfte des breiten Fußgänger-Boulevards von gut bevölkerten Tischen diverser gastronomischer Angebote eingenommen wird, findet sich in einer langen, schlauchartigen Location auch das Nish Nush. »Israeli Street Kitchen & Bar« lautet die Selbstbeschreibung des kulinarischen Konzepts, dessen Karte zieren folgerichtig Gerichte wie Shakshuka, Schawarma oder – unsere »Auf-die-Hand«-Empfehlung – Sabich: frisch gebackenes Pitabrot, gefüllt mit gebackener Aubergine, Hummus, Ei, Tomate, Sauergurke.

Eine besondere Erwähnung verdient aber auch der ganz oder halb erhältliche, ofengebackenen Blumenkohl mit Tahini, Olivenöl und Meersalz. Einfache, klare Produktaromen, vermählt mit den durch das Backen im Ofen hinzugekommenen Röststoffen. Feiner kann eine vegane Mahlzeit kaum sein. Dazu trinkt man dann eine der hausgemachten Limonaden (Minze oder Ingwer/Honig/Kurkuma) oder ein israelisches Bier.

Adresse Aachener Straße 14, Neustadt-Nord, Tel. 0221/2583011 | **Öffnungszeiten** So–Do 11–23.30 Uhr, Fr–Sa 11–1 Uhr | **ÖPNV** Linie 1, 7, 9, 12, 15, Haltestelle Rudolfplatz | **Internet** www.facebook.com/NishNushCGN/

76 — Odessa
Die Seele des Borschtsch

»Um einen echten Borschtsch machen zu können, muss man seine Seele kennen. Man muss zum Ursprung, da wo der Borschtsch einst entstand. Zu den goldenen Weizenfeldern und blühenden Akazien, wo man die Saat noch eigenhändig in die feuchte Schwarzerde setzt und die roten Rüben aus dem Boden zieht. Nur wo diese spezielle Magie über die Felder weht, wird man die Seele vorfinden.«

Rezepte für Borschtsch gibt es mehr als Orden auf der Brust eines russischen Generals – und das will einiges heißen. Jedes Land, jede Region, jede Stadt, jedes Dorf hat seine eigene Zubereitung für die traditionelle osteuropäische Rote-Bete-Suppe. Und das Eingangs-Zitat unseres aus der Ukraine stammenden Freundes Dimitri zeigt: Borschtsch, das ist kein Spaß, sondern serious business (was immer das jetzt auf Russisch oder Ukrainisch heißen mag). Der kleinste gemeinsame Nenner: eine möglichst kräftige und konzentrierte (Rinder-)Brühe als Basis und Rote Bete als Einlage.

Das Odessa pflegt nach Auskunft des ebenfalls aus der Ukraine stammenden Besitzers Juri Krapivnij »den ländlichen Charakter der russisch-ukrainischen Küche«. Die Karte zieren »Seljodka pod Schuboj«, wörtlich übersetzt »Hering im Pelzmantel«, ein russischer Vorspeisenklassiker, allerlei Schaschlik – und eben Borschtsch. Hier neben der Roten Bete mit Weißkohl, Zwiebeln, Karotten und Tomaten gekocht. Ob die Rüben dafür eigenhändig aus dem Boden gezogen wurden, wissen wir zwar nicht, für den besten Borschtsch, den wir in Köln kennen, reicht es in dem kleinen, fein gestalteten Restaurant im Ferkulum aber allemal.

Zum Abschluss: Natürlich kann man über ein russisches oder ukrainisches Restaurant wie das Odessa nicht berichten, ohne wenigstens kurz auf die pflichtgemäß gut bestückte Wodka-Karte einzugehen. Sage und schreibe 23 verschiedene Positionen listet die Karte auf, rund die Hälfte davon stammt vom ukrainischen Hersteller Nemiroff. Na dann, Budymo!

Adresse Im Ferkulum 32, Altstadt-Süd, Tel. 0221 / 4295101 | **Öffnungszeiten** Di–So 18–24 Uhr | **ÖPNV** Linie 12, 15, Haltestelle Chlodwigplatz | **Internet** www.restaurantodessa.de

77 __ Oruc Kebab
Wo selbst gebacken wird, da lass dich ruhig nieder

Die Suchabfrage »der beste Döner in Köln« liefert innerhalb von weniger als einer Sekunde eine sechsstellige Anzahl von Links. Eine Bewertungsplattform im Internet zählt über 200 verschiedene Einträge zu Dönern in der Stadt. Man kann also mit Fug und Recht sagen: Der Markt scheint unübersichtlich. Kein Wunder, hat der Döner Kebab doch, seit er Anfang der 70er Jahre in Berlin deutschen Boden betrat, einen beispiellosen Siegeszug durch die Republik gemacht. Wer nun wirklich den besten der Stadt produziert, diese Frage wollen und können wir nicht beantworten – schon allein deshalb nicht, weil wir noch nicht alle probiert haben. Aber eine Empfehlung für einen wirklich guten Döner sprechen wir natürlich trotzdem aus. Guten Gewissens übrigens, ist es doch unter Ernährungswissenschaftlern einhellige Meinung, dass der Döner von allen Fast-Food-Angeboten mit Abstand den ausgewogensten Ernährungsmix zu bieten hat.

Seit rund 25 Jahren im Döner-Geschäft ist Oruc Kebab auf der Kyffhäuserstraße. Schieres Dienstalter ist zwar kein absolutes Qualitätskriterium, aber eben doch ein ziemlich deutliches Indiz dafür, dass hier Teigtaschen von außerordentlicher Güte produziert werden. Der ursprüngliche Inhaber verbringt inzwischen den größten Teil des Jahres längst wieder in seiner türkischen Heimat – aber seine Gründung brummt immer noch Tag für Tag. Der Kunde hat die Wahl zwischen Kalb und Huhn, beides gut gewürzt und von tadelloser Qualität, dazu warten in der Kühlvitrine diverse frische Salate und natürlich Zaziki und die »scharfe Soße«.

Das alles landet dann nicht in belanglosen Industriefladen, sondern in einem viertel oder gar halben selbst gebackenen Fladenbrot. Auch dies ist ein deutliches Indiz, mit dem wir nicht nur einmal gute Erfahrungen gemacht haben: Überdurchschnittlich gute Döner-Qualität findet man oft in den Imbissen, die dafür auch ihr eigenes Brot backen.

Adresse Heinsbergstraße 1, Neustadt-Süd, Tel. 0221/2354806 | **Öffnungszeiten** So–Do 8–1 Uhr, Fr–Sa 8–2 Uhr | **ÖPNV** Linie 9, 12, 15, Haltestelle Zülpicher Platz | **Internet** www.facebook.com/oruc.kebab

78 Ox & Klee
Überraschungsei

Zugegeben, um ein normales Ü-Ei handelt es sich nicht. Chefkoch Daniel Gottschlich nennt es sein Maggi-Ei. Es ist ein geköpftes, braunes Ei, in das eine köstliche Melange gegeben wird, in der sich auch Liebstöckel befindet, den man häufig mit Maggi-Würze verbindet (obwohl er gar nicht drin ist). Es ist das einzige Gericht, das sich hier immer findet. Alles andere ist Überraschung pur.

Okay, außer die Käsekarte mit zehn Produkten von Maître Affineur Waltmann aus Erlangen (darunter ein 24 Monate alter Comté Reserve und ein Epoisses mit Marc de Bourgogne). So guten Käse gibt es in Köln sonst fast nur in deutlich teureren Häusern. Aber ansonsten: alles Überraschung. Eine Menükarte gibt es nicht, nur ein Überraschungsmenü mit vier bis neun Gängen. Allergien und Unverträglichkeiten kann man natürlich nennen.

Ein besonderes Händchen hat Daniel Gottschlich für alles, was aus dem Meer kommt. Ob Nordische Goldforelle (mit Kirschholzrauch, Sashi, Yuzu, Trompetenpilzen) oder norwegische Jakobsmuschel in der Schale (mit Fenchel, Passepierre-Algen, Bouillabaissesud). Die Küche kombiniert kreativ, und die Teller sehen aus wie moderne Kunst. Das Wichtigste aber: Hier wird nicht verkopft gekocht, sondern immer so, dass es im ganz klassischen Sinne gut schmeckt. Und tatsächlich überrascht jedes Gericht durch ungewöhnliche Kombinationen oder Zubereitungen.

Untergebracht ist das Ox & Klee in der ersten Etage des mittleren Kranhauses. Es gibt auch einen wundervollen Chef's Table, von dem aus man die Köche beim Arbeiten beobachten kann. Man kann ihn für genau acht Personen buchen, hier wird nur das große Menü serviert – und eine Flasche Kult-Champagner geht aufs Haus.

Der Name des Restaurants kommt übrigens von einem spanischen Sprichwort: Wenn der Ochse Klee findet, wird die ganze Herde satt. Hier findet man Klee, und hier ist man ausnahmsweise sehr gerne der Ochse.

Adresse Kranhaus 1 – Im Zollhafen 18, Sudstadt, Tel. 0221/16956603 | Öffnungszeiten Di–Sa 19–23 Uhr | ÖPNV Linie 15, 16, Haltestelle Ubierring | Internet www.oxundklee.de

79 Päffgen
Sauer macht lustig

Müsste man nur ein einziges Brauhaus in Köln nennen, das typischste, das beliebteste, dann wäre es wohl das Päffgen. Von den Lesern des Kölner Express wurde es einst auf Platz eins unter Kölns Brauhäusern gewählt, es ist die älteste Hausbrauerei der Stadt, und hier zapft der Köbes noch selbst – ist also Köbes und Zappes in Personalunion. Hinten im Päffgen wird gebraut – vorne wird getrunken. So ist das seit 1883.

Päffgen gibt es nicht als Flaschenbier, und nur in neun Gaststätten/Bierhäusern wird es ausgeschenkt. Man will nicht auf allen Hochzeiten tanzen. Und man will auch nicht Everybody's Darling sein. Aus Prinzip gibt es im Päffgen keine Cola, keinen Espresso (nur »richtigen« Filterkaffee), und es läuft – außer Fastelovend – keine Musik.

Hier kann man nicht nur eines der besten Kölschs trinken, sondern auch richtig gut essen. Natürlich die Brauhaus-Klassiker, wobei es die wunderbaren Rievkooche nur dienstags von September bis April gibt.

Immer auf der Karte ist ein Gericht, dem sogar Deutschlands Guru der Gourmet-Kritik, Jürgen Dollase, einen ganzen Artikel gewidmet hat: der Rheinische Sauerbraten mit Klößen und Apfelmus. Früher klassisch mit Pferdefleisch, wird heute zumeist Rind verwendet, das vor dem Schmoren für mehrere Tage in einer Marinade eingelegt wird. Dazu gibt es Kartoffelklöße, Mandelscheiben, hausgemachtes Apfelkompott und eine dunkle, braune, dickflüssige Soße mit großen marinierten Rosinen. Das alles fügt sich mit seinen Röstaromen, seiner Süße und Säure wunderbar am Gaumen zusammen. Ein Gericht, das als klarer Gottesbeweis gelten muss – besonders im Päffgen. Es gibt auch anderes, das man hier unbedingt essen muss, weswegen *ein* Besuch nicht ausreicht. Zum Beispiel die frische Bratwurst – einen sagenhaften Dreiviertelmeter ist sie lang. Dazu Kräutersenf und Röggelchen. Oder der biermarinierte Krustenbraten mit Bratkartoffeln und Krautsalat.

Adresse Friesenstraße 64, Altstadt-Nord, Tel. 0221/135461 | **Öffnungszeiten** täglich ab 10 Uhr | **ÖPNV** Linie 3, 4, 5, 12, 15, Haltestelle Friesenplatz | **Internet** www.paeffgen-koelsch.de

80 Pastelaria Luso
Portugal liegt zwischen Ehrenfeld und Nippes

1964 wird am Bahnhof Köln-Deutz der millionste Gastarbeiter in der Bundesrepublik begrüßt. Armando Rodrigues de Sá aus Portugal erhält einen Strauß Blumen und ein Moped zur Begrüßung. Seit dieser Zeit haben portugiesische Zuwanderer auf vielfältige Art und Weise das kulturelle Leben Kölns bereichert.

Unter weltoffenen Fußballfreunden beispielsweise ist an Spieltagen mit portugiesischer Beteiligung die Gegend um den ehemaligen Schlachthof an der Liebigstraße ein echter Geheimtipp. Hier, im Niemandsland zwischen Ehrenfeld und Nippes, hat sich über die Jahre eine breite Palette unterschiedlichster portugiesischer Gaststätten etabliert. Neben einer Bar, einer Kneipe und einem Restaurant findet sich auch eine auf portugiesische Backwaren spezialisierte Bäckerei: die Pastelaria Luso. Wir geben zu, eine Schönheit kann man das in einem schmucklosen Neubau untergebrachte Café eher nicht nennen. Im Gegenteil: Fast scheint es, als wolle sich die Gestaltung des großen, von weißen Bodenfliesen dominierten Innenraums dem recht spröden Charme der umliegenden Liebigstraße anpassen.

Doch lässt sich der Besucher vom ersten Eindruck nicht abschrecken und steht erst einmal vor dem Angebot der Pastelaria, bietet sich ihm ein völlig anderer Anblick. Hunderte verschiedener Gelb- und Goldtöne zeichnen dann in der Vitrine ein Bild gebackener Opulenz. Viel Blätterteig ist zu sehen, dazu Vanille-Cremes in nahezu jeder nur denkbaren Variante.

Allen voran natürlich die portugiesische Gebäckspezialität schlechthin: Pastéis de Nata. Kleine Blätterteigtörtchen, gefüllt mit köstlichem Vanillepudding. Wir empfehlen sie eindringlich – als Ausgangspunkt für einen Streifzug durch die Welt portugiesischen Gebäcks. Denn sich nur auf ein Teil zu beschränken, ist wenigstens uns angesichts des verführerischen Angebots bislang noch nie gelungen.

Adresse Liebigstraße 118c, Neuehrenfeld, Tel. 0221/69035558 | **Öffnungszeiten** Mo–Sa 7–19 Uhr, So 8–20 Uhr | **ÖPNV** Linie 5, Haltestelle Liebigstraße

81 Phaedra
Viel mehr als Mezze

Ein griechisches Restaurant, das eine kleine Brücke zu einer Legende unter Kölner Feinschmeckern schlägt: Franz Keller. Einst erkochte er sich im Schatten des Doms einen Stern und begeisterte mit seiner »Tomate«. Nun ist er zurück. Zumindest in Form einer Rindsbratwurst. Diese findet sich – perfekt medium gebraten, da sie sonst zu trocken ist – auf einem Salat aus Schwarzaugenbohnen, fein akzentuiert durch einen Hauch Schärfe.

Sie stammt von Kellers Charolais-Rindern und findet sich auf der Karte des »Phaedra« von Kosta Tzikas, der einst beim großen Meister kochte. Auch bei Christoph Paul verdiente er sich seine Sporen. Die Wurst ist eine seiner Mezze-Speisen, der griechischen Tapas-Variante – allerdings nicht immer auf der Karte. Hier finden sich auch Gerichte wie gefüllte Weinblätter mit Hackfleisch und Zitronen-Safran-Soße oder frittierte Calamaretti-Tentakel mit Fava Santorini. Dass Tzikas' Küche nicht bei Griechenland Halt macht, sondern sich rund ums Mittelmeer bedient, zeigt sein Seeteufel vom Lavasteingrill mit Balsamico-Beurre-Blanc und Tomatenrisotto. Überhaupt sind die Speisen vom Grill stets eine besondere Empfehlung. Ebenso zu empfehlen sind Speisen mit Meeresfrüchten wie die gebratenen Wildfanggarnelen mit Ouzo flambiert und Piment d'Espelette. Der Gang zeigt exemplarisch, was die Küche ausmacht: Experimente sind nicht Tzikas Ding, stattdessen haucht er Klassikern mit exakter Zubereitung, gutem Olivenöl und großer Frische neues Leben ein.

Das alles kann man an einigen Tischen im Freien genießen, aber auch drinnen sitzt man, dank klugem Licht- wie Akustikkonzept, sehr angenehm. Das Interieur hält sich weit entfernt von jeglicher Griechenland-Folklore, mit dunklem Holz, dunklen Fliesen sowie einer in Petrol gestrichenen Wand hinter der Theke. Die Weinkarte bietet rund 200 Positionen und ist vor allem Griechenland betreffend spannend.

phædra

Adresse Elsaßstraße 30, Südstadt, Tel. 0221/16826625 | **Öffnungszeiten** Di–Do 17.30–24 Uhr, Fr–Sa 17.30–1 Uhr, So 13–23 Uhr | **ÖPNV** Linie 15–17, Haltestelle Chlodwigplatz | **Internet** www.phaedra-restaurant.de

82 Pigbull BBQ
Der äußere Schweinehund

Das »Pigbull« ist die Streetfood-Dependance von Sternekoch Maximilian Lorenz' Gastro-Imperium – zu dem auch noch eine Weinhandlung und ein Ausflugslokal gehören. Früher in der Aachener Straße untergebracht befindet es sich nun genau neben Lorenz' Gourmetrestaurant, und damit nur wenige Schritte vom Hauptbahnhof entfernt.

Für Pulled Pork wird mariniertes Schweinefleisch lange bei Niedrigtemperatur im Smoker gegart, bis das Fleisch so zart ist, dass es gezupft werden kann. Lorenz schwört auf 24 Stunden marinieren und 16 Stunden im Smoker aus Oklahoma. Fast Food ist das also keineswegs, ganz im Gegenteil, viel langsamer geht eine Zubereitung nicht. Nur wenige Gerichte stehen auf der Tafel, der Renner ist die Kombination Brioche Bun (Brötchen), Pulled Pork und Coleslaw. Hier zeigt sich, dass Lorenz auch bei Streetfood denkt wie ein Spitzenkoch: Das Coleslaw an sich ist zu salzig-sauer – in der Kombination mit dem wunderbar soften und süßen Brioche und dem rauchigen, zarten Schweinefleisch aber eine Wucht. Alles findet zueinander. Die anfangs subtile Schärfe addiert sich, wird aber nie aggressiv. Spätestens nach einem Drittel des hochkalorischen Genusses weiß man dann auch, warum Zitronentücher zur Handsäuberung bereitstehen. Aber das Pulled Pork ist die Sauerei mehr als wert!

Noch besser: das Rindfleisch-Pendant »Pulled Beef« (vom Limousin-Rind aus der Eifel). Das Fleisch (je fetter umso schlotziger) ist ebenso süß wie salzig, dazu gibt es geschmorte Zwiebeln, Jalapenos und Cheddarsauce. Wow! Ansonsten bietet das Pigbull mit Reuben Pastrami auch einen recht neuen Trend der Streetfood-Szene – neben Essiggurken, grober Senfmayonnaise und Sauerkraut auch mit Kölner Pfeffer von »Hennes Finest«. Beef Brisket und Cologne Cheesesteak komplettieren die Liste der Streetfood-Klassiker. Und auf jeden Fall die hoch-alkoholische Whisky-Mayo probieren!

Adresse Johannisstraße 64, Altstadt Nord, Tel. 0221/29209208 | **Öffnungszeiten** So–Do 11.30–22.30 Uhr, Fr–Sa 11.30–1 Uhr | **ÖPNV** Linie 5, 16, 18, Haltestelle Dom/Hauptbahnhof | **Internet** www.pig-bull.de

83 Poisson
Austern galore

Wer in Köln auf höchstem Niveau Fisch essen will, der geht in Ralf Marhenckes »Poisson«. Und auch wer in Köln Austern genießen möchte, landet über kurz oder lang hier. Zu Recht. Die Qualität ist atemberaubend – genau wie die Frische.

Neben überbackenen Austern gibt es drei rohe Varianten: La Perle Blanche Auster No. 2 (ein Produzent, dessen Muscheln als »Königin der Austern« gelten), David Hervé Auster No. 3 (ein Austernproduzent aus Ronce-Les-Bains) und Gillardeau Auster No. 4 (vom berühmten Austernzüchter Gerard Gillardeau, besonders rein im Geschmack). Der Geschmack ist unterschiedlich, ebenso die Größe und Festigkeit. Mancher liebt sie klein, der andere groß und fleischiger. Hier haben Sie die Möglichkeit, Ihre Lieblingsauster zu finden. Den unnachahmlichen Geschmack, dieses Eintauchen in die Aromen des Meeres mit nur einem Hauch Salzigkeit, bei einigen Arten die überraschende Nussigkeit, das lässt sich hier erleben. Serviert werden sie natürlich auf Eis – und lebend. Keine Sorge: Außer einem Drucksensor haben Austern keine Sinnesorgane, und ein Gehirn gibt es auch nicht.

Wenn Sie wollen, können Sie die Auster mit einer Zitrone beträufeln oder mit einer Vinaigrette. Wenn, dann aber nur sehr vorsichtig, denn der feine Eigengeschmack wird sonst übertönt. Mit ein paar Tropfen kann er jedoch sogar betont werden. Die Flüssigkeit in der Austernschale können Sie ruhig trinken, wenn sie mögen, es ist allerdings nur Salzwasser und kulinarisch nicht von Bedeutung. Deshalb: besser wegschütten. Die Bedienung erklärt Ihnen übrigens gerne, wie sie die Austern von der Schale lösen. Es geht ganz leicht.

Und was dazu trinken? Nun, klassischerweise einen trockenen Weißwein. Aber stilvoller ist natürlich Champagner. Davon gibt es im Poisson deshalb eine große Auswahl – allerdings zu stolzen Preisen. Ein Glas Prosecco von Borgo Santo tut es in diesem Fall auch.

Poisson
Ralf Marhencke

Adresse Wolfsstraße 6–14, Altstadt-Nord, Tel. 0221/27736883 | **Öffnungszeiten** Di–Fr 12–15 und 18–22 Uhr, Sa 12–22 Uhr | **ÖPNV** Linie 1, 3, 4, 7, 9, 16, 18, Haltestelle Neumarkt | **Internet** www.poisson-restaurant.de

84 Poké Makai
Eine Schüssel Hawai

»Makai« ist Hawaiianisches und bedeutet »Richtung Meer.« Damit weiß man schon, wo hier kulinarisch die Reise hingeht – zumindest traditionell. Denn im Grunde ist das insulare Nationalgericht Poké ein Salat mit rohem Fisch als Hauptdarsteller. Aber das wird hier in Kölns Vorzeige-Poké-Laden nicht so eng gesehen. Auch Entenkeule oder Tamago (japanisches Omelett) finden sich fest auf der Karte.

Eine kleine Vorwarnung: Man hat einiges zu lesen, um eine Schüssel auszuwählen. Für eine kleine stellt man sich acht Zutaten zusammen, für eine große zehn – aus 39 Ingredienzien. Aber es gibt auch fünf bereits fertige Schüsseln, die »Favourite Bowls«. Kreiert wurden sie von keinem geringeren als Mirko Gaul, dem Sternekoch des »Taku« im »Excelsior Hotel Ernst«. Da auch das »Poké Makai« zum Haus gehört, sind die Preise hier nicht unbedingt auf Schnäppchenniveau.

Gaul ist Kölns Küchengott in Sachen Schärfe, er spielt auf dieser Klaviatur meisterhaft, Schärfe fungiert bei ihm oft als kluges Frische-Element. Ein Highlight der Bowls ist Spicy Tuna, die auch wegen knuspriger Nori-Algen und Wasabi-Crème wie ein riesengroßes Sushi wirkt. Unbedingt mit Reis bestellen, per se die beste Wahl als Basis, da als einzige warm, was einen schönen Kontrast zwischen den Temperaturen ergibt. Das »Spicy« im Namen sollte man übrigens ernst nehmen! Schweißperlen treibt die Bowl einem zwar nicht auf die Stirn, aber die Nasennebenhöhlen werden schön frei.

Falls Sie Sorgen haben, von einer Bowl nicht satt zu werden: Entweder vorher die Miso-Suppe bestellen oder als Dessert die Mochi (japanische Reiskuchen). Das »Poké Makai« ist Streetfood im wahrsten Sinne des Wortes – die Gäste stehen zu den Stoßzeiten mittags und abends schon mal bis auf die Straße an. In dem kleinen Imbiss gibt es weder Toiletten noch Alkohol – dafür selbst gemachte Eistees in hawaiianischen Tiki-Bechern. E'ai kaua! (Guten Appetit).

Adresse Marzellenstraße 12a, Altstadt-Nord, Tel. 0221/2703888 | **Öffnungszeiten** Mo–Sa 11.30–20.30 Uhr | **ÖPNV** Linie 5, 16, 18, Haltestelle Dom/Hbf. | **Internet** www.poke-makai.de

85 Pottkind
Zum Liebhaben

Ein Restaurant namens »Pottkind« mitten im Epizentrum des Kölner Lokalpatriotismus, der Südstadt, zu eröffnen, zeugt von Chuzpe. Enrico Sablotny (Küche) und Lukas Winkelmann (Service), beide in den 30ern, sind die namensgebenden Pottkinder. Wer Grubenflair und Malocherfraß erwartet, Currywurst & Pommes Schranke, der wird überrascht. Und zwar schon vor dem kleinen Restaurant stehend. Der Schriftzug ist kalligrafisch elegant gestaltet, im Inneren dann weiße Tischdecken – heute ja schon eine erwähnenswerte Besonderheit. »No AfD« steht an der Tafel an der Wand. Und darunter »HDL«. Hab dich lieb. Und das spürt man. Richtig herzlich ist der Service.

An der Theke sitzend (Hocker mit Lehne) kann man beim Kochen zusehen und kommt schnell ins Gespräch – deshalb nennt man sie hier augenzwinkernd auch »Chefstheke«. Die Theke wurde übrigens aus dem Holz einer Roteiche aus dem Kölner Stadtwald maßgefertigt. Angeboten wird nur ein Überraschungsmenü namens »Carte Blanche«. Die Wartezeit wird mit Brot, geschlagener Butter, Fenchelcrackern (köstlich!), Sauce Rouille (auch köstlich!) und gebackener Rote Bete mit Meerrettich (noch mal köstlich!) verkürzt. Die kleine Weinkarte bietet einiges Interessantes, aber wer sich noch mehr überraschen lassen will, kann zur Getränkebegleitung greifen, bei der Wasser und Kaffee direkt mit drin sind.

Die Pottkinder kochen betont saisonal mit Fokus auf Gemüse statt auf klassische Edelzutaten der Spitzenküche. Das ist überraschend, kreativ und man merkt den Speisen an, dass Sablotnys Ideal frische und leichte Speisen sind, bei denen er zumeist auf Eigengeschmack denn auf starke Würzung setzt.

Problematisch ist im »Pottkind« allein die Akustik, schon bei dreiviertelvollem Haus versteht man vor lauter Hall sein eigenes Wort nicht mehr. Akustisch ist der beste Platz deshalb draußen an der Straße.

Adresse Darmstädter Straße 9, Südstadt, Tel. 0221/42318030 | **Öffnungszeiten** Di–Sa 18–24 Uhr | **ÖPNV** Linie 15–17, Haltestelle Chlodwigplatz | **Internet** www.pottkind-restaurant.de

86 Pure White
Das Produkt ist der King.

Keine Frage, zu den interessantesten gastronomischen Neuzugängen der letzten Zeit zählt neben dem maiBeck (siehe Seite 134) das Pure White. Ein Restaurant, das seinen Gästen absolute Spitzenküche bieten will, in einer ehemaligen Pommesbude zu eröffnen – mit nichts weiter als einem Grill und zwei Induktionsplatten, das erfordert Mut, Selbstbewusstsein und ein überdurchschnittlich hohes Maß an kulinarischer Exzellenz. Wegen der aus den beschränkten Möglichkeiten resultierenden Konzentration auf das Ausgangsprodukt, erfordert es zudem den Zugriff auf Produkte von absolut zweifelsfreier, wenn nicht gar erhabener Qualität.

Pure-White-Macher Cristiano Rienzner verfügt über beides: Produkte in Spitzen-Qualität und das kulinarische Rüstzeug, um daraus Gerichte zu schaffen, die zutiefst beeindrucken. Der gebürtige Venezianer hat sein Handwerk unter anderem beim großen Neuerer der Haute Cuisine und Erfinder der Molekularküche Ferran Adrià im »El Bulli« (in der Zeit seines Bestehens regelmäßig zum »besten Restaurant der Welt« gekürt) gelernt. Seine letzte Station vor Köln war als Küchenchef eines der besten Restaurants Norwegens, von wo aus er auch seine Einkaufsquellen für Seafood mitgebracht hat. Die Folge: King Crabs, Hummer, Muscheln und Fisch von schlicht atemberaubender Qualität. Gleiches gilt auch für das Rindfleisch, das von Queen-Lieferant und Metzger-Legende Jack O'Shea bezogen wird.

Zubereitet wird das alles auf einem holzkohlebefeuerten Grill, der Zubereitungstemperaturen bis zu 800 Grad ermöglicht. Josper heißt die aus Spanien stammende Höllenmaschine, die man sich wie einen großen Backofen vorstellen muss – nur, dass sich eben am Boden, dort, wo sonst die Fettpfanne sitzt, ein große Schicht rotglühender Holzkohle befindet.

Ein Besuch im Pure White zählt ganz ohne Zweifel zu den absoluten kulinarischen Höhepunkten, die diese Stadt zu bieten hat.

Adresse Brabanter Straße 48, Belgisches Viertel, Tel. 0221/96026556 | **Öffnungszeiten** Mo–Sa 18–24 Uhr | **ÖPNV** Linie 3, 4, 5, 12, 15, Haltestelle Friesenplatz | **Internet** www.pure-white-food.de

87 __ Rosticceria Massimo
Der Italiener, der mal ein Imbiss war

Noch so ein Restaurant, wo schon beim Eintreten klar wird: Hier laufen die Dinge ein wenig anders als gewohnt. Denn der Raum, in dem sich die Rosticceria befindet, ist klein – vorher befand sich an dieser Stelle ein Imbiss. Wo andere Gastronomen versuchen, das Wenige an Fläche, das sie haben, mit möglichst vielen kleinen Tischen aufzufächern, ist man in der Rosticceria einen anderen Weg gegangen:

Ein langer und schmaler Tisch in Stehhöhe, an dem zwölf, in Notfällen sicher auch 14 Personen Platz haben, dominiert in der Mitte den Raum. Vor dem Fenster dann noch einmal zwei hohe Tische für jeweils bis zu fünf Gäste, ein weiterer am Kopfende – das war's. Und natürlich bleibt der große Tisch nicht für ebensolche Gruppen reserviert. Man wird einfach zur großen Massimo-Familie dazugesetzt. Und wenn dann noch zwei hungrige Gäste kommen, dann rückt man halt noch ein wenig mehr zusammen.

Im Nebenraum liegt die in Anbetracht des eher kleinen Gastraums recht große Küche, in der es vor allem zu den Hauptgeschäftszeiten stets emsig wuselt. Von dort kommen Pizzen, einige Fleisch- und Fischgerichte und Pasta, die sich erfreulicherweise nicht auf die Standardliste des 08/15-Italieners beschränkt. Natürlich gibt's auch hier Bolognese oder Arrabbiata. Aber es finden sich eben auch seltenere Formate wie Strozzapreti oder Zubereitungen wie »Spaghetti bottarga« mit dem würzigen, intensiv fischigen Rogen der Meeräsche (unsere Empfehlung) oder »alla carrettiera« (mit Knoblauch, Sardellen, Rucola und Weißweinsoße). Saisonales ergänzt das Angebot, beispielsweise in der Pilzsaison.

Eine Vorspeise nach Wahl ist im Preis inbegriffen. Wir greifen statt zur Suppe stets zur Panzanella – bei Massimo versteht man darunter einen würzigen Kartoffelsalat, kombiniert mit einer kleinen Scheibe »Bruschetta al pomodoro«. Schon dafür lohnt der Besuch in der Alteburger Straße.

Adresse Alteburger Straße 41, Neustadt-Süd, Tel. 0221/3489601 | **Öffnungszeiten** Mo–Fr 12–22 Uhr, Sa–So 17–22 Uhr | **ÖPNV** Linie 12, 15, Haltestelle Chlodwigplatz

88 Royal Cupcakes
Köstliche Carla Bruni

Cupcakes sind im Trend. Die kleinen Kuchen werden in einer tassenähnlichen Form gebacken – daher der Name. Obendrauf kommt Zuckerguss oder Buttercreme. Der Teig ist weich und süß. Kleine Sünden. Das »Royal Cupcakes« gibt es seit Ende 2008, es ist Kölns erstes Cupcakes-Café, aber natürlich kann man sich die kleinen Küchlein auch für zu Hause mitnehmen (in schönen Pappkartons).

Aber sie im Café zu genießen ist doch besser, ist es doch wie ein hipkitschiges Schloss eingerichtet – schließlich soll man sich wie ein Royal fühlen.

Und auch die Cupcakes sind alle von königlichem Blut. Bei den Namen sieht man, dass Besitzerin Kirstin Pollheim viel Witz hat. Zum Beispiel »Froschkönig« (saftiger Vanilla-Cupcake mit einem köstlichen Icing aus Buttercreme und grünem Tee, gekrönt von einem goldenen Zucker-Kügelchen), »King of Pop« (Schoko-Cupcake mit flüssigem Schoko-Kern, weißer Schokoladen-Buttercreme, einem Rand aus Schokostreuseln und einer Schokopraline als Krönung), »Sissi« (eine Mini-Sachertorte als Cupcake: Schoko-Kuchen mit Marillenfüllung, einem Guss aus edler Zartbitterschokolade, darauf ein Marzipan-Krönchen) oder »Dornröschen« (Vanilla-Cupcake mit Erdbeer-Vanille-Buttercreme und einer großen Marzipan-Rose).

Ein echter kulinarischer Höhepunkt ist »Carla B.(runi)«, ein Lavendel-Vanilla-Cupcake mit einem lila Icing aus würziger Lavendel-Buttercreme, dazu ein lila Marzipan-Veilchen. Süßer Teig und die Creme gehen hier eine saftige Einheit ein. Manch anderes mag spektakulärer aussehen, aber geschmacklich ist die ehemalige französische Präsidentengattin kaum zu toppen. Immer wieder gibt es auch neue Kreationen oder solche, die zu besonderen Anlässen geschaffen werden – zum Beispiel zu Ostern, Weihnachten oder zu einer Krönung. Kirstin Pollheim nennt ihr Reich »Backingham Palace«. Und dieser Schlossbesuch wird garantiert nicht trocken, sondern saftig.

Adresse Venloer Straße 425b, Ehrenfeld, Tel. 0221/27260877 | **Öffnungszeiten** Di–Do 13–20 Uhr, Fr 11–19 Uhr, Sa–So 10–19 Uhr | **ÖPNV** Linie 3, 4, 13, 18, Haltestelle Venloer Straße/Gürtel | **Internet** www.royalcupcakes.de

89 Scherz

Kein Scherz

Michael Scherz war neun Jahre Küchenchef in Kölns Österreich-Institution »Gruber's« – dann folgte der Sprung in die Selbständigkeit. Erst in kleiner Location mit nur wenigen Plätzen in der Berrenrather Straße, mit dem Erfolg dort folgte dann der Wechsel in deutlich größere Räumlichkeiten an der Luxemburger Straße. Die Küche hat sich in all den Jahren immer mit Scherz weiterentwickelt – heute ist sie eine der spannendsten der ganzen Stadt. Der gebürtige Österreicher serviert die Küche seiner Heimat mit qualitativ hochwertigen Produkten, manchmal pfiffig, aber viel öfter traditionell und gut. Viele Klassiker wie Tafelspitz, Kalbszüngerl oder Bouillon mit Faschiertem Strudel werden geboten. Wein, Schnaps und Kaffeeröstung stammen ebenfalls aus der Alpenrepublik. Wie dahoam!

Und das Essen? Mit einem Wort: leiwand. Zum Beispiel die wunderbar sämige Pilzcremesuppe, mit feiner, fast unmerklicher Schärfe, die ihr Tiefe verleiht, verfeinert mit ein wenig Gartenkräuterpesto, das würzigen Schwung in die Sache bringt. Oder das Wiener Schnitzel - wie oft bekommt man es in schlechter Qualität! Hier ist es dünn, mit einer welligen, knusprigen Panade. Dazu Gurken-Kartoffelsalat mit herzhafter Säure. Ein anderer Klassiker: Ochsenbäckchen. Es zerfällt förmlich auf dem Teller. Für Nachtisch, beziehungsweise Mehlspeisen, sind Österreicher bekannt, und der Kaiserschmarrn, welcher in der Küche mit Stroh Rum flambiert wird, ist schlicht der Hammer. Allein dafür lohnt der Besuch schon. Ebenso für das ungemein saftige Backhendl. Es ist ein Fest.

Wer also österreichische Küche liebt (und wer tut das nicht?) sollte mal ins »Scherz«. Aber lieber nicht mit dem Auto, denn Parkplätze sind auf der Luxemburger Straße fast so selten wie hervorragende österreichische Restaurants. Dafür liegt die KVB-Haltestelle nahezu unmittelbar vor der Tür.

Adresse Luxemburger Straße 256, Sülz, Tel. 0221/16929440 | **Öffnungszeiten** Mo 17.30–22.30 Uhr, Di–So 12–14.30 und 18–22.30 Uhr | **ÖPNV** Linie 18, Haltestelle Sülzburgstraße | **Internet** www.scherzrestaurant.de

90 Schokomuseum
Bildung inklusive

Im 1993 eröffneten Kölner Schokoladenmuseum auf der Rheinauhalbinsel wird ein Traum wahr: das Schlaraffenland. Und zwar in Form eines drei Meter hohen Brunnens, durch den 200 Kilogramm warme Schokolade fließen. Goldene Kakaofrüchte schmücken ihn, die flüssige Schokolade ergießt sich aus Edelstahlröhren in eine riesige Brunnenschale, und in diese tauchen Museumsmitarbeiter dann Waffeln und reichen jedem Besucher eine. Bei der Eröffnung des Museums durfte das noch jeder selber machen – das Chaos war vorprogrammiert. Bei Schokolade verliert man halt alle Hemmungen. Diese hier ist von Lindt und köstlich – nur leider ist eine Waffel viel zu wenig. Aber wer zu Anfang und am Ende seines Besuches am Brunnen vorbeikommt, wird sicher nicht erkannt ...

Zwischen den Waffeln kann man sich zum Beispiel das 100 Quadratmeter große, verglaste Tropenhaus anschauen oder sich seine eigene Schokolade zusammenstellen und dabei zuschauen, wie sie gemacht wird. Man kann nicht nur zwischen der Art der Schokolade (weiße, Vollmilch, Zartbitter) wählen, sondern auch die Zutaten, ob Früchte, Nüsse, Gewürze oder sogar Marshmallows. Um sich die Kalorien zumindest ein bisschen abzutrainieren, sollte man sich aber auch die Ausstellung anschauen, welche (in der begehbaren Fabrik) die Herstellung von und den Handel mit Schokolade ebenso zeigt wie die Produktionsbedingungen oder die Geschichte der süßen Versuchung, beginnend bei den Olmeken, Maya und Azteken, über ihren Weg nach Europa bis hin zu Kultmarken unserer Zeit. In einem kleinen Kino kann man sich alte Schokoladen-Werbeclips anschauen. Ein großer Spaß!

Und wer danach immer noch nicht genug hat, kann sich im Museumsshop eindecken oder im Café eine heiße Schokolade trinken. Ach ja, heiraten kann man im Schokoladenmuseum auch. Mit Foto am Brunnen. Viel besser als mit warmer Schokolade kann eine Ehe eigentlich nicht beginnen.

Adresse Am Schokoladenmuseum 1a, Altstadt-Süd, Tel. 0221/9318880 | **Öffnungszeiten** Di–Fr 10–18 Uhr, Sa, So, feiertags 11–19 Uhr, im Dezember ist das Museum auch montags geöffnet; letzter Einlass eine Stunde vor Schließung | **ÖPNV** Linie 1, 7, 9, Haltestelle Heumarkt | **Internet** www.schokoladenmuseum.de

91 Schreckenskammer
Fastenbrechen mit Gulasch

Schreckenskammer – wohl der coolste Namen unter allen Kölner Brauhäusern. Version eins zur Herkunft: Früher lag die Schreckenskammer in der Johannisstraße 42, Verurteilte auf dem Weg zur Hinrichtungsstätte Weckschnapp mussten hier vorbei. Und vielleicht ihre Henkersmahlzeit einnehmen. Version zwei: Gegenüber lag die zu kleine Lehranstalt der Fränkisch-Märkischen Eisenbahn. Prüfungen mussten auch im Brauhaus stattfinden – das so zu einem Ort des Schreckens für die Prüflinge wurde.

Das heutige Gebäude ist seit 1442 belegt und seit 1487 ein Brauhaus. Wie bei vielen Brauhäusern und Gaststätten Kölns wandelte sich der Name über die Jahre. Aus »Zum Malaien« wurde »Zum Marienbildchen«, es gab Neubau, Bombardierung und den Wiederaufbau im Jahr 1960. Das Brauhaus liegt direkt gegenüber der romanischen Kirche St. Ursula – passenderweise die mit den Knochen.

Heute wird das Schreckenskammer-Kölsch im Lohnsud bei »Dom« gebraut – allerdings nach Hausrezept – und ohne Zusatz von Kohlensäure abgefüllt. Der Schaum ist deshalb weniger fest als bei anderem Kölsch, und am Gaumen ist es seidiger. Im Gasthaus kann man es auch in Biersäulen zu drei oder fünf Litern zum Selberzapfen am Tisch bestellen.

Ob man nun im Sommer im Biergarten sitzt oder im Winter drinnen auf dem mit Sand bestreuten Dielenboden: Ein Krüstchen Rindergulasch mit Röggelchen ist die perfekte Wahl zum Schreckenskammer-Kölsch. Der Name Krüstchen kommt aus dem 16. Jahrhundert von »Kurstgin«, als es eine abendliche Fastenspeise bezeichnete. Flüssiges bricht das Fasten nicht – also geht eine Suppe mit Brot. In Köln wurde deren Konsistenz in Form von Gulasch allerdings bis zum Äußersten getrieben. Zu den Hauptgerichten wird hier immer eine klare Suppe gereicht, und wer es alkoholfrei liebt, der kann zur Schreckenskammer-Bier-Brause mit Zitrone greifen. Für alle gilt: Um 23.15 Uhr ist Zapfenstreich. Unerbittlich.

Adresse Ursulagartenstraße 11, Altstadt-Nord, Tel. 0221/132581 | **Öffnungszeiten** Mo–Sa 11–13.45 und 16.30–22.30 Uhr | **ÖPNV** Linie 12, 15, Haltestelle Hansaring | **Internet** www.schreckenskammer.com

92 Selam

Ein Ausflug in eine alte kulinarische Kultur

Wer durch diese Stadt geht, der kommt durchaus öfter an einem Afro-Shop vorbei. Meist gibt es Kunsthandwerk zu kaufen, farbenfroh gemusterte Kleidung und Stoffe, afrikanische Videos und Musik, oft auch Lebensmittel und fast immer eine unglaublich breite Auswahl an Produkten, die man zur Perfektionierung einer afrikanischen Frisur braucht. Keine Frage, die afrikanische Gemeinde in Köln hinterlässt ihre Spuren.

So auch in der Gastronomie: Seit 1999 schon gibt es beispielsweise das Restaurant Selam auf dem Ehrenfeldgürtel, das sich auf die Küche des größten Binnenstaates dieser Welt, Äthiopien, spezialisiert hat. Die große Hungersnot von 1984/85, der zwischen einer halben und einer ganzen Million Menschen zum Opfer fielen, hat hierzulande das Bewusstsein für die Tatsache, dass Äthiopien mit seiner bis ins 9. Jahrhundert vor Christus zurückreichenden Geschichte eine eigenständige kulinarische Tradition besitzt, leider weitgehend verdrängt.

Die äthiopische Küche setzt sich aus Schmorgerichten auf Basis von Geflügel, Lamm und Rind und einer Vielzahl von vegetarischen Gerichten zusammen. Serviert werden die Speisen typischerweise in kleinen Schälchen, und gegessen wird nicht mit Messer und Gabel, sondern mit Hilfe des stets dazu gereichten Injera, einem Fladenbrot aus Sauerteig. Bei den vegetarischen Speisen – allesamt auch für Veganer geeignet – dominieren Hülsenfrüchte, aber es gibt auch eine äthiopische Zubereitung von Grünkohl. Um möglichst viel dieser Küche kennenlernen zu können, empfehlen wir den »Vegetarischen Sampler«, wie sich die gemischte Platte hier nennt.

Auf der Weinkarte stehen vor allem – wen wundert's – Weine aus Südafrika. Drei verschiedene Rote wie Weiße sowie ein Rosé sind gelistet. Wir persönlich aber bevorzugen für diese spezielle kulinarische Entdeckungsreise in die afrikanische Hochebene ein Stückchen Heimat in Form eines frischen Kölschs.

Adresse Ehrenfeldgürtel 91, Ehrenfeld, Tel. 0221/9520352 | **Öffnungszeiten** Di–Fr ab 17 Uhr, Sa–So ab 16 Uhr | **ÖPNV** Linie 3, 4, Haltestelle Venloer Straße/Gürtel | **Internet** www.selamrestaurant.de

93 Shanghai
Authentizität, vierzehnfach gefaltet

Dass es die eine typisch chinesische Küche nicht geben kann, wird dem Kulinarik-Freund spätestens dann klar, wenn man ihn auffordert zu beschreiben, was denn bitte schön im Gegenzug die typisch europäische Küche sein sollte. Eine Frage, die seriös nicht zu beantworten ist – zu unterschiedlich die klimatischen Begebenheiten, die daraus resultierenden Produkte und Mentalitäten von Skandinavien bis Sizilien.

So auch im noch wesentlich größeren China. Und so war es schon immer ein untrüglicher Indikator für gehobene Qualität, wenn sich ein chinesisches Restaurant den Luxus erlaubte, mit seinem Angebot eine spezifische Regionalküche anzuvisieren. Das ist im nahe gelegenen Bai Lu mit seinen Nudelsuppen nach Chongqing-Art der Fall (siehe Seite 28) – das ist auf der Limburger Straße im Shanghai nicht anders.

Dessen Leuchtreklame verspricht dem Gast über der Tür authentische Regionalküche – und in der Tat bietet die Karte neben ein paar anscheinend unvermeidlichen üblichen China-Verdächtigen (gebratener Reis, gebratene Nudeln) immer wieder feine Shanghaier Spezialitäten: Wolfsbarsch in Soja-Sauce etwa oder hausgemachten Räucherfisch.

Die Küche der Hafenstadt Shanghai ist stark von Fischgerichten geprägt. Unsere Lieblingsspeise, die kunstvoll mit traditionell mindestens 14 kleinen Falten verschlossenen Sheng Jian Baozi, sind dagegen mit Schweinefleisch gefüllt. Sie werden zuerst im Bambuskorb gedämpft und dann in der Pfanne kurz gebraten. Zubereitet sind sie – genau wie alle anderen Speisen im Shanghai – frisch und ohne den Zusatz künstlicher Geschmacksverstärker. Das geht zwar zwangsläufig mit gelegentlichen kurzen Wartezeiten einher, die dienen dem Gast aber eben auch als ein weiterer Beleg für die überdurchschnittlichen kulinarischen Ambitionen der Betreiber.

Adresse Limburger Straße 13, Belgisches Viertel, Tel. 0221/25898881 | **Öffnungszeiten** täglich 11.30–15.30 und 17.30–22 Uhr | **ÖPNV** Linie 3, 4, 5, 12, 15, Haltestelle Friesenplatz | **Internet** shanghai-kueche.de

94 Silk Road
Marco Polos Reiseproviant

Den Kölner Bürgern die sehr reizvolle und vielfältige Küche Zentralasiens nahezubringen, hat sich ein kleines Restaurant in der Südstadt auf die Fahnen geschrieben: das »Silk Road«. Vor langer Zeit war die Seidenstraße die wohl wichtigste Handelsroute der Welt. Sie brachte Seide, Porzellan, Jade, Bronze und Lacke aus China nach Europa und im Gegenzug Gold, Edelsteine und Glas in das Reich der Mitte. Ihre Route am Rande der Wüste Taklamakan vorbei durch die Steppen der heutigen Länder Tadschikistan, Kirgistan, Usbekistan und Kasachstan.

Von der Abenteuerlichkeit einer Reise auf der Seidenstraße ist der Besuch des Kölner »Silk Road« weit entfernt – spannende Entdeckungen birgt aber auch er. Der hell und freundlich gestaltete Gastraum wird von einer riesigen, farbenfrohen Plüschkissen-Installation dominiert, die an einer Wand augenzwinkernd auf die nomadische Tradition der eurasischen Steppenvölker verweist.

Die Karte des »Silk Road« ist – man muss es so sagen – übersichtlich. Lohnend ist der Besuch dort trotzdem. Das Wenige, das auf ihr verzeichnet ist, ist schmackhaft, günstig und auf den Punkt liebevoll zubereitet. Es ist zudem die kulinarische Illustration der Geographie seiner Herkunftsländer. Mantys (gefüllte, gedämpfte Teigtaschen) wie man sie in Variationen von Ostasien bis in die Türkei findet, ebenso, wie das Reisgericht Plow (mit Rind- und Lammfleisch), das phonetisch eng mit dem orientalischen Pilaw verwandt ist.

Wir empfehlen, sich noch einmal in die Zeiten von Marco Polo zu versetzen und die – in Europa damals noch unbekannten – Nudeln so zu entdecken, wie sie vermutlich auch der venezianische Handelsreisende zum ersten Mal kennenlernte. Lagman heißt das Gericht, es besteht aus handgemachten und handgezogenen Nudeln, die mit frischem, gebratenem Gemüse und Rindfleischstreifen serviert werden. Köstlicher kann man eine Fortbildung in europäischer Kulturgeschichte nicht gestalten.

Adresse Karl-Berbuer-Platz 7, Südstadt, Tel. 0176/27738611 | **Öffnungszeiten** Di–Do 10–21 Uhr, Fr–Sa 12–23 Uhr, So 12–20 Uhr | **ÖPNV** Linie 3, 4, 17, Haltestelle Severinstraße

95 Stadtgarten Biergarten
Woran sich die Geister scheiden

Der Stadtgarten verfügt über einen der schönsten Biergärten, die diese Stadt zu bieten hat. Kein Wunder also, dass hier an lauen Sommerabenden nur schwer ein freies Plätzchen zu finden ist.

Zur kulinarischen Versorgung hat man in den letzten Jahren neben dem eigentlichen Biergarten das Gartenrestaurant »Al Bosco« etabliert, das bei gutem Wetter abendlich ab 18 Uhr die Versorgung mit Speisen übernimmt.

Aber natürlich gibt es auch im Biergarten selbst etwas zu essen – auch wenn die schöne bayrische Sitte, in einem Teil des Biergartens von den Gästen mitgebrachte Speisen ausdrücklich zu erlauben, hierzulande ja leider unbekannt ist.

In einer kleinen unscheinbaren Nische zwischen dem Haupteingang und den Getränke-Ausgaben des Stadtgartens findet sich ein kleiner Imbiss, der bei geöffnetem Biergarten täglich ab 15 Uhr einfache Fast-Food-Speisen feilbietet. Allen voran: »die Echten«, wie die hausgemachten Pommes frites hier nicht ohne eine ordentliche Portion Selbstbewusstsein genannt werden. Sie sind eine Speise, an der sich die Geister scheiden – denn mit der landläufigen Meinung, wie denn ideale Pommes frites auszusehen haben, haben »die Echten« eher wenig zu tun. Diese Pommes frites werden aus ungeschälten Kartoffeln hergestellt und sind sicher vieles – aber ganz bestimmt nicht goldbraun und auch nicht knusprig. Man liebt sie, oder man hasst sie, wie ein Blick in die einschlägigen Bewertungsportale im Internet schnell zeigt.

Die dazu erhältlichen Soßen, alle ausnahmslos handgemacht, rufen weniger Widerspruch hervor. Unsere besondere Empfehlung gilt der Saté. Die besticht durch intensiven Erdnuss-Geschmack, unterstützt von einer feinen, aber im Hintergrund stets präsenten Schärfe. Und wie man nun zu »den Echten« steht – nun, es gibt nur eine Möglichkeit, das herauszufinden. Wenigstens einmal sollte man sie probiert haben.

Adresse Venloer Straße 40, Neustadt-Nord, Tel. 0221/952994 | **Öffnungszeiten** Biergarten Mo–So 12–24 Uhr (wetterabhängig), Pommes frites ab 15 Uhr | **ÖPNV** Linie 3, 4, 5, Haltestelle Hans-Böckler-Platz | **Internet** www.stadtgarten.de

96 Stecco Natura
Eis am Stiel

Speiseeis wurde vermutlich im antiken China erfunden, wo die Herrscher sich große Eislager anlegten. Das Eis ähnelte dem Sorbet und wird als Gletscherschnee mit Zutaten wie Früchten, Honig oder Rosenwasser beschrieben. Eis am Stiel wurde erst 1905 vom US-amerikanischen Limonadenhersteller Frank Epperson erfunden – durch Zufall, als er ein Glas Limonade mit Löffel versehentlich im Freien stehen ließ, wo es über Nacht zu Wassereis gefror.

Es war eigentlich nur eine Frage der Zeit, bis es eine Modernisierung erhält – wobei die in diesem Fall in einer Rückbesinnung auf die sizilianische Eistradition besteht. Aus Italien kommen auch viele Zutaten, zu denen ausdrücklich keine künstlichen Aromen oder Emulgatoren hinzugegeben werden, auch ist das Eis gluten- und (teilweise) laktosefrei. Außerdem sieht es verdammt gut aus. Wer an dem kleinen Laden in der Südstadt vorbeigeht, kann eigentlich nicht anders, als zu den unzähligen, gefrorenen Köstlichkeiten zu schauen. Man hat dann die Wahl zwischen vielen bunten Eis-Sorten mit verschiedenen Verzierungen und Toppings – man kann sein Eis zum Beispiel in Schoko dippen.

Zahlen sind meist ein stumpfes Werkzeug, um Kulinarisches zu beschreiben, aber in diesem Fall sagen zwei Ziffern viel aus: Die Fruchtsorten bestehen aus bis zu 60 Prozent Frucht. Beim Creme-Eis kommen frische Sahne und Milch zum Einsatz. Bei den Zutaten verweist man stolz auf Slow-Food-Betriebe und das italienische DOP-Siegel für Produkte mit geschützter Herkunftsbezeichnung, wie bei den Pistazien aus Bronte. Auch Haselnüsse aus den Nebrodi Bergen und Mandeln aus Noto werden verarbeitet.

Die Eissorten sind klassisch, manchmal aber auch exotisch wie Ricotta und Birne, Sachertorte mit Mandarine oder Banana Split. Wert gelegt wird darauf, dass nicht unnötig viel Luft bei der Produktion zugeführt wird – was das Eis nicht nur geschmacklich intensiver, sondern auch besser verdaulich macht.

Adresse Bonner Straße 40, Südstadt, Tel. 0152/2783333 | **Öffnungszeiten** Mo–Do 12–22 Uhr, Fr–So 12–23 Uhr, So 13–11 Uhr | **ÖPNV** Linie 15–17, Haltestelle Chlodwigplatz | **Internet** www.stecconatura.de

97 Sweet Sushi
Frische Fische fischt ...

Frische. Frische. Frische. Das sind die drei wichtigsten Qualitätsmerkmale eines guten Sushis. Der Fisch muss frisch sein. Denn er ist roh, keine Gewürze, mit denen der Sushi-Meister etwas übertönen kann, nur leicht säuerlicher Klebereis und getrockneter Seetang, Nori, in welchen beim klassischen Sushi alles eingerollt wird.

Ist in einem Sushi-Laden also wenig los, gehen Sie wieder raus. Der Fisch muss sofort verarbeitet werden.

Im Sweet Sushi steppt zumeist der Bär, und die Sushi-Meister in ihren schwarzen T-Shirts arbeiten wieselflink hinter dem türkis leuchtenden Tresen. Die Auswahl ist riesig. Und überfordert einen zuerst. Deshalb: den »Basic Lunch« bestellen, das ist eine sehr gute Zusammenstellung. Drei Nigiri (dabei wird der Reis mit der Hand geformt, es gibt je eines mit Lachs, Thunfisch und Aal), sechs Sake Maki (klassische Nori-Sushi mit Lachs), vier Rainbow Inside Out Roll (Thunfisch, Avocado, Tempuralauch, Philadelphia, umhüllt von Mango, verfeinert mit Misosoße). Dazu Wasabicreme, gehobelter Ingwer, Sojasoße und eine Misosuppe.

Neben der Frische ist das Verhältnis von Fisch zu Reis bei Sushi wichtig, und das stimmt hier. Mitnehmen geht immer, wer einen Sitzplatz will, sollte lieber reservieren.

Das Sweet Sushi ist klein und eng, aber gemütlich und der Service selbst bei vollem Haus freundlich. Fortgeschrittene können sich an die außergewöhnlichen Sushis halten, zum Beispiel Spiderman (mit Krabben), Dragon (panierte Garnelen), Spicy Salmon Roll (mit scharfem Tempuralachs) oder die Charlize Special Roll (mit Jakobsmuschel). Sie finden sich unter »Sushi Extreme«. Auch knusprige Sushis gibt es auf der Karte, die außerdem Udon-Nudeln und andere asiatische Spezialitäten – nicht nur japanische – bietet. Aber der Grund hierherzukommen sind die Sushis. Und die sind nicht nur Kölner Spitze, solche Qualität ist deutschlandweit sehr selten.

Adresse Auf dem Berlich 11, Altstadt-Nord, Tel. 0221/29026985 | **Öffnungszeiten** Mo−Sa 11.30−23 Uhr, So und Feiertage 12−22 Uhr | **ÖPNV** Linie 3, 4, 5, 16, 18, Haltestelle Appellhofplatz | **Internet** www.fuguz.de/sweet-sushi

98 Taku
Pekingente in sechs Gängen

Die Pekingente ist auf den Hund gekommen. Nicht was den Fleischanteil, sondern was ihr Renommee betrifft. Heute findet sie sich zwischen 37 süßsauer und 82 extrascharf auf den Karten. Ein Gericht unter vielen. Dabei geht seine Geschichte bis in die Ming-Dynastie zurück (1368–1644 n. Chr.), es ist ein Höhepunkt der chinesischen Küche, das traditionell in mehreren Gängen serviert wird – und ein wahres Fest für Fans von krosser Haut.

In Köln gibt es Pekingente nirgendwo besser als im »Taku« (japanisch für »Haus der Gastlichkeit«). Dieses befindet sich im Untergeschoss des Excelsior Hotels Ernst, also direkt am Dom. Ein beeindruckend eingerichtetes Restaurant, durch das sogar ein schmaler Fluss mit Fischen fließt. Über eine kleine Brücke erreicht man das eigentliche Restaurant, all das ist nicht verkitscht, sondern modernschlicht und hell gehalten mit großzügig gesetzten Tischen. Geboten werden große und kleine Menüs (hier »Reisen« genannt), welche die asiatische Küche mit europäischem Ansatz interpretieren. Aber auch Klassiker finden sich auf der Karte, wie eben die Pekingente, welche in sechs Gängen zelebriert wird. Als da wären:

Leber – Sojabohnen, Knoblauch, Aubergine
Haut – Crêpes, Hoisin, Gurke
Flügel – Garnele, Enoki, Sternanis
Essenz – Shiitake, Eierstich
Brust – Wokgemüse, Chili
Keule – Salatherz, Wasserkastanie, Koriander.

All das hat seinen Preis, und es gibt das Menü auch nur auf Vorbestellung für zwei oder drei Personen, doch zu erleben, wie die verschiedenen Teile der Pekingente auf diese Art in einen kulinarischen Rahmen gesetzt werden, das vergisst man sein Leben lang nicht. Das Taku bietet den richtigen Rahmen für dieses Erlebnis, von den warmen Handtüchern zu Beginn über die Auswahl an Sake, den grünen Tee, der kostenlos serviert wird, bis zum hervorragenden Service.

Adresse Trankgasse 1–5 / Domplatz, Altstadt-Nord, Tel. 0221 / 2701 | **Öffnungszeiten** Di–So 12–14.30 und 18–22 Uhr | **ÖPNV** Linie 5, 16, 18, Haltestelle Dom / Hauptbahnhof | **Internet** www.excelsior-hotel-ernst.de

99 Tanoshii
The new asian style

Schon kurios: Einer der besten Japaner Kölns ist ein Vietnamese. In einer Seitenstraße der Aachener sitzt man in stylishem Asia-Interieur auf schwarzen Holzstühlen und dunkel bezogenen Bänken, an den Wänden beeindruckend groß aufgezogene Fotos von Koikarpfen und dem Fuji. Ein paar Plätze gibt es auch im Innenhof, und wer lieber zu Hause isst, kann sich alles liefern lassen.

So herrlich heiß und knusprig wie hier kommen die vietnamesischen Frühlingsrollen mit Tofu, Glasnudeln und Gemüse dann allerdings nicht auf den Teller. Sie zeigen, was für eine Frechheit viele Frühlingsrollen beim 08/15-Chinesen sind. Auch die knusprigen Gyoza mit Huhn-Gemüsefüllung – dank Chili-Mayo samt feinem Schärfe-Kick – machen richtig Spaß. Im »Tanoshii« (wörtlich übersetzt: angenehm) will man allerdings höher hinaus, was bei den Vorspeisen zum Beispiel das herzhaft abgeschmeckte Tatar vom Blue Fin Tuna mit Stör-Kaviar zeigt – die Produktqualität überzeugt. Auch andere Edelprodukte wie Königskrabbe oder Soft Shell Crab finden sich auf der großen Karte, die neben Klassischem viel Modernes bietet. Das teuerste Sushi der Karte vereint flambiertes Wagyu-Rindfleisch, das durch seinen hohen Fettanteil eine zartcremige Konsistenz aufweist, mit Avocado, Lachs Tatar und Reis – eine extrem harmonische Verbindung. Gehackter Flusskrebs verleiht zusätzlich jede Menge Umami.

Vegetarier machen gern einen Bogen um Sushi-Restaurants, weil simple Kombis mit Gurke oder Avocado geschmacklich limitiert sind. Schon allein die Tanoshii Green Vegi Roll lohnt für alle Fisch- und Fleischabstinenzler den Besuch. Eine Inside-Out-Roll mit knusprigem Spargel- und Avocadotempura, dazu cremiger Frischkäse, alles umhüllt von einem Wirsingblatt. Kleine Vorwarnung: Die warmen Hauptgänge und Desserts der Karte mit ihren über hundert Positionen fallen qualitativ ab. Also lieber mehr Sushi und einen schönen Wein!

Adresse Brabanter Straße 3, Neustadt-Nord, Tel. 0221/17067275 | Öffnungszeiten Mo–Sa 12.30–14.30 und 17.30–23 Uhr | ÖPNV Linie 1, 7, 12, 15, Haltestelle Rudolfplatz | Internet www.tanoshii.eu

100 Taverna Diogenis
Der Traditionsgrieche der Nordstadt

Wenn sich ein Restaurant an nicht zu prominenter Stelle seit fast 40 Jahren erfolgreich hält, dann darf man getrost eines voraussetzen: dass man dort mit der Qualität keine Probleme hat. Das gilt auch für den Nordstadt-Tradionsgriechen Diogenis. Seit 1976 ist man im Viertel, zuerst über 20 Jahre lang auf der Krefelder Straße, seit einigen Jahren nun im Erdgeschoss eines großen Neubaus am Sudermannplatz.

Wir geben zu, wie viele alte Stammkunden haben wir mit dem neuen Domizil zuerst ein wenig gefremdelt. Aber im Nachhinein muss man anerkennen, dass der Umzug dem Diogenis gutgetan hat. Vor allem, weil man dadurch eine großzügige Fläche für die Außengastronomie dazugewonnen hat. Der Sudermannplatz erfreut sich einer ganz speziellen Atmosphäre – einerseits weitgehend verschont von lautem Verkehrslärm, andererseits aber dennoch mitten in der Stadt und quicklebendig.

Wenn man einfache, ehrliche und grundsolide zubereitete griechische Küche schätzt, ist das Diogenis eine gute Wahl. Die Karte dort lässt sich wohl am besten mit dem Wort »traditionell« beschreiben. Mit den Ambitionen einiger griechischer Restaurants in besser situierten Stadtvierteln hat man hier nicht viel am Hut – auch wenn das Agnesviertel inzwischen ja selbst zu diesen teuer gewordenen Vierteln gehört. Das Angebot auf der Karte ist so, wie man hier schon immer gekocht hat: einfach, aber authentisch.

Wir empfehlen von der Mittagskarte (12 bis 15 Uhr) einen der Klassiker der griechischen Restaurant-Küche: die Souflaki (kleine Schweinefleisch-Spieße) vom Grill. Selbstverständlich mit Kritharaki, also Reisnudeln, und nicht mit Pommes frites. Die Spieße, die man dann erhält, sind vorbildlich: kräftig gegrillt und daher mit schönen, viel Geschmack gebenden Röstaromen, trotzdem nicht zu trocken und beherzt gewürzt mit der klassisch griechischen, von Oregano dominierten Kräutermischung.

Adresse Sudermanplatz 7, Neustadt-Nord, Tel. 0221/729231 | **Öffnungszeiten** So–Fr 12–24 Uhr, Sa 17–24 Uhr, Mittagskarte 12–15 Uhr | **ÖPNV** Linie 12, 15, 16, 18, Haltestelle Ebertplatz | **Internet** www.diogenis.de

101 The Tasty Pasty
Die Urform des Streetfood

Kulinarisch Interessierte wissen um den großen Einfluss moderner britischer Küche – Stichwort »New Britisch« und »Fergus Henderson« – auch auf die Gastronomie hier auf dem Kontinent. Und spätestens nach einem Kurztrip nach London – den wir allen Reisefreudigen wärmstens ans Herz legen – wird klar: Der legendär schlechte Ruf, dessen sich die britische Küche hierzulande »erfreut«, beruht weitestgehend auf völlig unbegründeten Vorurteilen.

Aber auch die klassische Küche des Königreichs hat dem Genussfreund eine Menge zu bieten. Die Angebotsbreite beim Wildgeflügel beispielsweise ist – der auf der Insel nie stattgefundenen Flurbereinigung sei Dank – schlicht überwältigend. Großbritannien hat eine sehr lange Tradition in Jagd, den dazugehörenden Ausflügen und Picknicks – und unsere folgende Empfehlung gründet letztlich auf eben dieser Tradition. Denn mürbeteigbasierte Pies und blätterteigummantelte Pasties mit ihren herzhaften Füllungen, wie sie in Großbritannien überall zu finden sind, entstanden ursprünglich aus der Intention heraus, dem fleischigen Inhalt eine transportfähige Hülle zu geben. Oder, wie man das heute vielleicht nennen würde: Pastete to go.

»The Tasty Pasty«, inzwischen von Lindenthal nach Nippes migriert, bietet genau die – und zwar in ihrer Cornwaller Variante: »Cornish Pasties«, also halbmondförmige Pasteten umhüllt von Blätterteig. Klassischerweise weise wird das Backwerk mit Zwiebel, Steckrübe, Kartoffel und Rindfleisch gefüllt, doch finden sich auch exotischere Varianten wie beispielsweise eine mit »Jerk Chicken« angereicherte Reggae-Füllung oder vegetarische Alternativen.

Als Getränk dazu gibt es stilecht britischen Tee oder Limonaden, und jeden Sonntag findet sich eine weitere Perle britischer Genusskultur im Angebot: frisch gebackene Scones, formvollendet serviert mit Marmelade und echter »Clotted Cream« aus Cornwall. Ein Kurztrip auf die Insel – mitten in Köln.

Adresse Mauenheimer Straße 28, Nippes, Tel. 0221/71568499 | **Öffnungszeiten** Mo–Sa 9–19 Uhr, So 9.30–16 Uhr | **ÖPNV** Linie 12, 15, Haltestelle Florastraße | **Internet** www.tasty-pasty.com

102 Tigermilch
Die Latino-Asia-Fusion

Ceviche, also in einer auf Limettensaft basierenden Marinade hitzefrei »gegarter« Fisch, ist das Nationalgericht Perus. Auch hierzulande hat diese Zubereitungsform in den letzten Jahren viele Fans gewonnen. Die Säure des Limettensaftes denaturiert das Fischeiweiß ähnlich, wie es Kochen, Dämpfen oder Braten tun würde, da der Fisch aber kalt bleibt, hat man eine ungemein erfrischende Sommermahlzeit vor sich. Eine leichte und gesunde obendrein, Ceviche ist sehr fett- und kohlenhydratarm – gleichzeitig aber reich an Eiweiß und durch die kalte Zubereitung voller erhalten gebliebener Vitamine.

Wer das in Köln genießen will, dem sei das »Tigermilch« im Belgischen Viertel ans Herz gelegt, dessen Name schon deutlich auf seine peruanische Ausrichtung verweist: Denn Tigermilch oder »Leche de Tigre« heißt in Peru die oben erwähnte Marinade zur Zubereitung der Ceviche. Doch das »Tigermilch« bietet deutlich mehr als nur das peruanische Nationalgericht. Tiradito de Caballa, Buttermakrele mit kaltem Ingwerdashi, Wassermelonenrettich, grünem Apfel, Schnittlauch und gepufftem Wildreis beispielsweise, oder – wir loben an diese Stelle ausdrücklich den gastronomischen Mut, Innereien auf die Karte zu setzen – Anticuchos, Rinderherzspieße mit gegrilltem Mais.

All das kommt fast herzzerreißend schön angerichtet auf den Tisch. Und auch dem Gastraum sieht man die Liebe, mit der er gestaltet wurde, deutlich an. Die Portionen sind dabei eher klein, das »Tigermilch« selbst empfiehlt zur ausreichenden Sättigung nach dem Tapas-Prinzip pro Person mindestens drei Positionen aus der Karte zu wählen. Wir gehen einen Schritt weiter und raten, mit mindestens drei bis vier Personen das »Tigermilch« zu besuchen, um dann der Empfehlung folgend so viel wie möglich von der kleinen Karte auswählen zu können. Und so eine ausführliche Entdeckungsreise in eine hochspannende, finessenreiche Küche zu starten.

Adresse Brüsseler Straße 12, Belgisches Viertel, Tel. 0221/75985821 | **Öffnungszeiten** Di–Do, So 18–23 Uhr, Fr–Sa 18–1 Uhr | **ÖPNV** Linie 12, 15, Haltestelle Rudolfplatz | **Internet** www.tigermilch.kitchen

103 TörtchenTörtchen
Weiße Passion

Sie sind kleine Kunstwerke, die Törtchen von TörtchenTörtchen. Und nie kann man sich entscheiden. Soll es das Törtchen mit zweierlei Schokoladenbiskuit und Schoko- sowie Cassismousse sein? Oder die Mango-Schokoladen-Kuppel? Ganz ehrlich: Sie sollten den Laden auf keinen Fall ohne das Törtchen »White Passion« verlassen, das sich zu einem »Signature Dish« entwickelt hat – früher sagte man Spezialität des Hauses. Ein weißes Schokomousse mit Passionsfrucht-Kern, herrlich cremig und mit belebendem Fruchtsäurekick, nicht zu süß – und viel zu schnell aufgegessen. Die weiße Schokolade wie Blütenblätter an den Seiten, intensives Gelb, hier werden auch die Augen verwöhnt. Immer wieder gibt es neue Kreationen, wie die »Schwarzwälder«, eine Komposition von Schokoladenbiskuit, Kirschragout und Kirschwassersahne, dekoriert mit Schokoraspeln, beschnapster Kirsche und Schokotropfen. Oder »Birne Helene« aus Schokobiskuit, Williamsbirne, Schokoladen- und Vanillemousse mit einem Hauch Zimt. Man kauft immer mehr als ein Törtchen. Und es gibt auch anderes Süßes ...

Die Leckereien sind aus zwei Gründen so gut. Erstens: Chef-Patissier Matthias Ludwigs ist ein Genie. Er arbeitete zuvor im Restaurant »Graugans«, auf der MS Europa und im Sternerestaurant »Dieter Müller«. Der Restaurantführer »Gault Millau« kürte ihn zum »Patissier des Jahres 2009«. Dass er nicht nur backen, sondern auch darüber schreiben kann, hat er mit vier empfehlenswerten Büchern bewiesen. Er gibt übrigens auch Törtchen-, Pralinen- und Macarons-Kurse.

Grund zwei: TörtchenTörtchen hat sich die ausschließliche Verwendung von besten Zutaten auf die Fahnen geschrieben, darunter französische Fruchtpürees von Boiron, natürliche Aromen wie echte Vanille und eine Auswahl bester Schokoladen und edelster Obstbrände kleiner Manufakturen. Und natürlich wird mit guter Butter gebacken. Das alles schmeckt man.

Adresse Steinbergerstraße 5, Nippes (Filialen: Apostelnstraße 19, Alte Wallgasse 2a), Tel. 0221/1707108 | **Öffnungszeiten** Di–Sa 11–18 Uhr, So 13–17 Uhr | **ÖPNV** Linie 12, 15, Haltestelle Florastraße | **Internet** www.toertchentoertchen.de

104 Toscanini

Kölns beste Pizza Romana

Das muss man sich mal vorstellen: ein Restaurant in der heutigen Zeit ohne Homepage. Und es kommt noch ärger: ohne Namensschild an der Hauswand, lange ohne Speisekarte im Aushang. Wer kann sich das überhaupt leisten? Und dann noch als Pizzeria, von denen es Dutzende, wenn nicht Hunderte in Köln gibt?

Eine kann es. Mit Superlativen soll man ja vorsichtig sein, aber im Toscanini gibt es Kölns beste Pizza. Nicht weil sie groß ist. Größe ist nicht alles. Obwohl diese beeindruckend ist. Wenn man die Felge an einem Wagenrad verliert, könnte man sie als Ersatz nehmen. Doch wichtiger ist, dass die Pizza hier so herrlich dünn und der Rand gerade richtig kross ist. Und erst der Belag: nicht so viel, dass es suppig wird, aber auch nicht zu wenig. Der mit Holz beheizte Steinbackofen ist eine Schönheit, das Tempo, in dem Pizzen rein- und rausfliegen, enorm. Er steht im rechten Teil des Restaurants, und mit einem guten Sitzplatz kann man den Pizzabäckern bei der Arbeit zuschauen. Besser als Fernsehen.

Das Toscanini ist aufgrund des Fliesenbodens, und da es fast immer voll ist, eher laut. Der schönste Platz – wenn man nicht den Pizzabäckern zuschauen will – ist im Sommer am offenen Fenster, dort sitzt man fast, als sei man draußen.

Spontan vorbeikommen ist keine gute Idee, denn das Toscanini ist meist ausgebucht. Man kann sich aber eine Pizza mit nach Hause nehmen. Dabei gilt selbstverständlich: Je schneller die Pizza gegessen wird, umso köstlicher. Der krosse Rand leidet beim Transport. Die Pizzen sind alle fabelhaft, ein besonderer Tipp ist allerdings die »Rustica« mit Parmaschinken, Rucola und frischem Parmesan. Oder die Pizza bianca. Aber auch die Margherita ist ein Genuss.

Andere Speisen gibt es ebenfalls, darunter viele Nudelgerichte, aber es sind die Pizzen, für die der Weg lohnt. Und wer nicht die ganze Portion schafft, kann sich den Rest einfach einpacken lassen.

Adresse Jakobstraße 22, Altstadt-Süd, Tel. 0221/3109990 | **Öffnungszeiten** Mo–Fr, So 12–15 und 18–23 Uhr, Sa 18–23 Uhr | **ÖPNV** Linie 15, 16, Haltestelle Ulrepforte

105 Van Dyck
Die Espresso-Referenz

»Draußen nur Kännchen«, das stand lange für deutsche Kaffeekultur wie Muckefuck und Schonkaffee. Kurz gesagt: Deutschland war eine Geschmackswüste, was guten Kaffee angeht. Das hat sich radikal geändert, und der Qualitätsboom ist noch lange nicht zu Ende. Zur Zeit erlebt in einer »Third Wave« selbst der Filterkaffee mit speziellen Röstungen und sortenreinen Lagenkaffees als »V60« eine Wiederauferstehung.

Die vorangegangene »Second Wave« widmete sich Italiens Kaffeetradition mit ihren stark gerösteten Espressomischungen und Extraktion unter hohem Druck durch Siebträgermaschinen. Vor allem diesem Teilbereich der Kaffeekultur sieht man sich im Herzen des jugendlich-modern werdenden Ehrenfelds, im »Van Dyck« in der Ehrenfelder Körnerstraße verbunden. Mit dem auf der Mischung »Adorno« beruhenden Espresso bietet man hier die Referenzqualität. Vor allem Freunde füllig schokoladig-cremiger Aromen werden in Köln so schnell nichts Vergleichbares finden. Auch der darauf beruhende Cappuccino sucht seinesgleichen.

Doch in diesem Buch geht es vornehmlich ums Essen – und so empfehlen wir zum Ausnahme-Kaffee den »Signature Snack« des Hauses namens »Monis Mohnkuchen«. Das Backwerk ist eine Zierde seines Genres. Fluffig leicht und vor allem frei von jenen muffigranzigen Tönen, die den Genuss des öligen Saatguts Mohn zuweilen trüben.

»Van Dyck«, das klingt nach Tradition, doch die in einem ehemaligen Friseursalon untergebrachte und ausgesprochen gelungen gestaltete Rösterei wurde erst im Jahr 2010 gegründet. Der Name allerdings bezieht sich auf besonders dunkle, kaffeebraune Farbtöne – gern genutzt von und benannt nach dem flämischen Barockmaler und Rubens-Schüler Anthonis van Dyck. Eine der fugenlos gefliesten Wände ziert ein Porträt des Meisters. Natürlich kein Original – die wahren Schätze, die es hier zu entdecken gibt, finden sich in den Espresso-Tassen.

Adresse Körnerstraße 43, Ehrenfeld, Tel. 0221 / 29833552 | **Öffnungszeiten** Mo–Fr 9–19 Uhr, Sa 9–18 Uhr | **ÖPNV** Linie 3, 4, Haltestelle Körnerstraße | **Internet** www.vandyckkaffee.de

106 Wackes
Essen wie Gott ... im Elsass

Das Elsass ist kulinarisch eine der bedeutendsten Regionen Frankreichs. In den Restaurants und »Winstubs« zwischen Straßburg und Colmar wird eine herzhafte, bodenständige Küche mit starken Aromen gelebt: Choucroute (Sauerkraut), Flammekuech (mit Crème fraîche, Speck und Zwiebeln), Baeckoeffe (ein deftiger Eintopf mit drei Sorten Fleisch und Kartoffeln) und der kräftige Käse aus Munster. Wer in Köln elsässisch-lothringisch schlemmen möchte, der geht seit 1983 ins Wackes, nahe dem Rudolfplatz am Scheitelpunkt von Ehrenstraße und Benesisstraße.

Inhaber Romain Wack ist bekannt für seine Launen – für einige gehört dies zum Charme des Restaurants. Wenn er einen mag, gibt es kaum einen herzlicheren Gastgeber.

Es gibt zwar auch moderne Küche, doch bekannt ist das Wackes für die Klassiker. Diese passen auch viel besser zum Interieur. Die ehemalige Reinigung ist heute ausgesprochen folkloristisch-rustikal auf Elsass getrimmt, die Fassade grün-rot-bunt mit gestreifter Markise, innen erwarten den Gast Fachwerkbalken, Holzstühle, Tische mit klein karierter rot-weißer Tischdecke und Wein im blauen Steinkrug. Optisch und kulinarisch eine kleine Reise nach Frankreich. Hier gibt es sie noch, die traditionellen Speisen: Weinbergschnecken, Froschschenkel, Entenstopfleberterrine, Kartoffelbratwurst – und Flammkuchen. Hauchdünn muss der Brotteig sein, bestrichen mit Crème fraîche und Sauerrahm, gewürzt mit Salz, Pfeffer, Muskat, dazu feine Streifen geräucherter Speck und Zwiebeln. Im Wackes gibt es diesen Klassiker in einigen Varianten, auch mit Champignons, Emmentaler, Schinken, Tomaten, Lauch, Sauerkraut oder Munsterkäse. Aber Letzterer ist nur etwas für Furchtlose.

Wir bevorzugen den »La Classique« und die süße Variante mit Apfel, Zimt, Zucker und flambiert mit Calvados. Dazu elsässische Weine, fair kalkuliert, darunter auch Tropfen vom legendären Weingut Trimbach.

Adresse Benesisstraße 59, Altstadt-Nord, Tel. 0221/2573456 | **Öffnungszeiten** Mo–So 17.30–23.30 Uhr | **ÖPNV** Linie 1, 7, 12, 15, Haltestelle Rudolfplatz | **Internet** www.wackes-weinstube.de

107 Wildlachs-Räucherei Bremer

Le saumon, c'est moi

Eine unattraktivere Lage für eine Wildlachs-Räucherei lässt sich wohl kaum vorstellen als direkt an einer der Hauptausfallstraßen Kölns, der Dürener Straße in Marsdorf, und damit mitten im Gewerbegebiet. Höchstens das Rollfeld des Flughafens Köln-Bonn wäre noch schlimmer. Wie eine Fata Morgana steht das kleine Räucherei-Häuschen zwischen Megamärkten und Möbelriesen. Der Vorteil: Es gibt ausreichend Parkplätze vor der Tür.

Schon auf den ersten Blick sieht man: Lachs ist hier nicht gleich Lachs. Es gibt Atlantik-Lachs, Graved Lachs, Franzosen-Lachs, Königs-Wildlachs, Keta-Wildlachs, Coho- oder Sockeye-Wildlachs. Allesamt nicht aus Massentierhaltung, sondern aus gesundem Wasser mit gesunder Fütterung, ein Großteil stammt von der Fischauktion in Vlissingen (Niederlande). Er wird täglich direkt im Laden frisch geräuchert, stets nur in kleinen Mengen, langsam und schonend.

Man kann sich mit Lachs eindecken und ihn zu Hause genießen (auch ganze Räucherplatten sind kein Problem) oder direkt vor Ort an einem der Stehtische oder vor der Tür in einer Art Biergarten Platz nehmen. Hier gibt es Lachsgerichte in etlichen Varianten: Lachslasagne, Lachskartoffelauflauf, Seelachsfilet gebraten mit Kartoffelsalat, Nudeln mit Lachssahnesoße. Auf Schiefertafeln sind die Leckereien notiert, auch das puristischste Vergnügen, das Lachsbaguette. Außer dem Fisch und ein bisschen Kräuterbutter ist nichts darauf. Und das ist gut so, denn der Lachs ist herrlich gefühlvoll geräuchert, Fisch- und Raucharoma gehen eine Einheit ein, und das krosse, backfrische Brot ist so neutral, dass er sich entfalten kann.

Zur Eröffnung der Matjessaison gibt es in der Wildlachs-Räucherei Bremer übrigens immer eine Party, mit Musik, Kölsch und Tombola. Und natürlich werden hier auch noch etliche andere Fische wie Aal, Makrele, Butterfisch, Forelle oder Rotbarsch angeboten.

Adresse Dürener Straße 437, Marsdorf, Tel. 02234/23816 | **Öffnungszeiten** Mo–Fr 9.30–19 Uhr, Sa 9–16 Uhr | **ÖPNV** Linie 7, Haltestelle Haus Vorst | **Internet** www.lachsbremer.de

108 Wo ist Tom?
Essen mit Lebenshilfe

Man merkt eigentlich erst bei der Bestellung, dass »Wo ist Tom?« kein Restaurant wie jedes andere ist. Denn mit einem Stift kreuzt man seine Wünsche auf einem Blatt Papier an – einige der Bedienungen können nämlich weder schreiben noch lesen. Hier arbeiten, sowohl im Küchen- als auch im Serviceteam, Menschen mit geistiger Behinderung. Alle ebenso freundlich wie bemüht, man fühlt sich auf Anhieb wohl. Was auch an dem modernen, hellen Ambiente liegt, viel Weiß, dazu Rot und Grau. Und um den ungewöhnlichen Namen aufzuklären: Toms Mutter gründete 1958 die Bundesvereinigung Lebenshilfe – und die Lebenshilfe Köln steht hinter dem Restaurant.

Warme Küche gibt es bis 18 Uhr und ganztägig Frühstück – für Langeschläfer. Zudem ist das »Wo ist Tom?« ein Café, weswegen viele Kaffee- und Teespezialitäten und gelungene, vor Ort nach eigenen Rezepten gebackene Kuchen wie Erdbeer-Mascarpone, Thai-Kokos-Bananen-Kuchen oder Schwarzwälder Cheesecake auf der Karte stehen. Beim Frühstück gibt es in der Deluxe-Variante unter anderem Blauschimmelkäse, Serrano-Schinken, Lachs mit Meerrettichcreme und ein Glas Sekt zu sehr fairem Preis. Bei den warmen Speisen wird von Thai-Suppe bis marokkanischem Hähncheneintopf etliches geboten.

Wegen einer guten Idee oder einem sozialen Ansatz kommt der Gast einmal, aber nur wenn die Qualität stimmt, ein zweites Mal. Mitleid will und braucht hier keiner, es wird nämlich gut gearbeitet. Die Küche hat Pfiff und ist – was positiv gemeint ist – auf gehobenem Kantinenniveau. Typisch für Restaurants, die durchgehend geöffnet haben. An Vegetarier wird übrigens immer gedacht, auch an Allergiker, an Weintrinker weniger, die Auswahl ist sehr gering.

Ein klarer Tipp ist das »Wo ist Tom?« für Frühstück und Nachmittagskaffee: Ambiente, Qualität und Preis stimmen. Für die Kleinen ist übrigens auch eine Spielecke und ein Wickeltisch vorhanden.

Adresse Zülpicher Straße 309, Lindenthal, Tel. 0221/16864477 | **Öffnungszeiten** Mo–Fr 9–19 Uhr, Sa–So 10–19 Uhr | **ÖPNV** Linie 9, 13, Haltestelle Zülpicher Straße/Gürtel | **Internet** www.wo-ist-tom.de

109 __ Zen

Aal lecker, vormals giftig

Das Blut des japanischen Flussaals ist für den Menschen giftig, die enthaltenen Eiweiße führen zu Muskelkrämpfen sowie beschleunigter Atmung und Herzrasen. Wird das Aalfleisch allerdings erhitzt, zerfallen die Eiweiße und man kommt gefahrlos in den Genuss dieser köstlichen, leicht süßlichen Delikatesse. Im 2014 eröffneten »Zen« wird der Aal im Teigmantel frittiert, ist herrlich saftig – und, da ich noch lebe, korrekt zubereitet.

Die anderen Gerichte in dem kleinen, schlicht-asiatischen und gemütlich halbdunkel eingerichteten Restaurant sind deutlich ungefährlicher, aber nicht weniger lecker. Das Carpaccio vom Lachs ist gefühlvoll sacht brüliert und subtil abgeschmeckt. Der süß-säuerlich marinierte Lachs mit frischen Zwiebeln erinnert an Brathering – aber auf eine gute Art.

Beim Mangosalat mit Yuzu-Dressing sind die Frucht- und Säurekomponenten so ausbalanciert, dass es erfrischend und keinen Hauch zu süß schmeckt. Spezialität des Hauses sind die Ura-Maki, auch bekannt als Inside-Out- oder California Rolls, mit innenliegendem Nori-Blatt und Reis außen. Die frittierte Volcano Roll bietet zum Beispiel Lachs, Masago, Frühlingszwiebeln und Sesam. Aufgrund von Spicy-Mayonaise und Teriyakisoße schmeckt es wie eine asiatische Burger-Variante. Sitzt man mit acht Freunden zusammen, ist sie wegen der acht Portionen eine interessante Spielart, teilt man sich zu zweit eine solche Menge, ist man (sehr) schnell satt.

Sorgsam zubereitet ist hier alles, auch die klassischen Nigiri-Sushi oder die Speisen vom Grill. Sowohl Entrecôte wie Rindfleischscheiben mit Yakinikusoße besitzen wunderbar präsente Grillaromen und sind auf den Punkt gegart. Nur über die Nachtische sagen wir hier lieber nix. Das Serviceteam ist nett und traditionell gekleidet. Reservieren macht Sinn – ansonsten gibt es aber alles auch als Take-away.

Adresse Bachemer Straße 236, Lindenthal, Tel. 0221/28285755 | **Öffnungszeiten** Di–So 17.30–24 Uhr | **ÖPNV** Linie 7, 13, Haltestelle Dürener Straße/Gürtel | **Internet** www.restaurant-zen.de

110 Zimmermann's Reibekuchen

Streetfood auf kölsche Art

Rievkooche, zu Deutsch Reibekuchen oder Kartoffelpuffer – in nahezu allen kölschen Gaststätten und Brauhäusern zieren sie wenigstens an ein oder zwei Wochentagen die Speisekarte. Entweder klassisch einfach nur mit Schwarzbrot, Butter, Apfelmus oder Rübenkraut, gern aber auch in verwegeneren Kombinationen wie mit Räucherlachs und Crème fraîche oder mit Camembert überbacken und Preiselbeeren.

Es verrät eine Menge über das innige Verhältnis der Kölner zu diesem Gericht, dass der lauteste Aufschrei angesichts der Neugestaltung des Bahnhofsvorplatzes vor einigen Jahren nicht der betonwüstenhaften Abwesenheit jeglicher Art von Begrünung galt, sondern der Tatsache, dass zur Verwirklichung des freudlos-kühlen Architekten-Entwurfs auch die vielen Bürgern sehr lieb gewordene Reibekuchen-Bude direkt vor dem Haupteingang ersatzlos abgerissen wurde.

Denn so gut sie in der Stammkneipe auch sein mögen – der wahre Connaisseur nimmt seine Rievkooche im unmittelbaren Dunstkreis des Ortes, an dem sich zuvor der Teig aus Kartoffeln, Zwiebeln, Ei, Mehl, Salz und Pfeffer in diese goldbraun-krosse Köstlichkeit verwandelt hat, zu sich. Oder einfacher ausgedrückt: Rievkooche isst der Kölner am liebsten frisch direkt »von d'r Bud«.

Beispielsweise von der, die jeden Freitag in Ehrenfeld vor der Marktkapelle St. Mariä Himmelfahrt steht. Lange Schlangen künden oft davon, dass die Reibekuchen dort zu den besten zählen, die die Stadt zu bieten hat. Selbstverständlich, dass der Teig dafür aus eigener Herstellung stammt. Ebenso wie die Tatsache, dass jede einzelne Bestellung frisch ausgebacken wird. Dafür gibt es dort aber auch nur Rievkooche. Die einzige Wahl, die dem Hungrigen bleibt, ist die Anzahl und die Entscheidung, wie er sie essen möchte: ganz pur, mit Apfelmus oder ein wenig Zuckerrübensirup.

Adresse Geisselstraße/Venloer Straße, Ehrenfeld, Tel. 0179/5917277 | **Öffnungszeiten** Mi und Fr circa 11–18 Uhr | **ÖPNV** Linie 3, 4, Haltestelle Körnerstraße

111 Zoo Köln
Bockwurst mit Elefant

Der Kölner Zoo ist große Klasse. 20 Hektar groß, rund 750 Tierarten, über 9.000 Tiere, Affen- und Seelöwenfelsen, Aquarium, Urwaldhaus und Eulenkloster, Regenwaldhaus und Hippodrom. 1860 in Riehl gegründet, ist er heute der drittälteste Zoo Deutschlands und einer der größten noch dazu.

Aber auch die Zoo-Gastronomie ist klasse. Diese hat sich nämlich auf die Fahnen geschrieben, Frischprodukte zu bevorzugen, wenn möglich saisonal zu kochen und auf Lebensmittel aus natur- und tiergerechter Produktion zurückzugreifen, weshalb beim Einkauf auf entsprechende Gütesiegel geachtet wird. Deshalb sind Kaffee, Tee und Kakao jetzt alle in Bio-Qualität, und die Brat- und Bockwürste, wie auch die Frikadellen, sind sämtlich aus Thönes Naturfleisch hergestellt. Dieses stammt aus besonders artgerechter Haltung, mit gentechnikfreier Fütterung, und ganz wichtig: schonender Schlachtung. All das schmeckt man. Und für eine Gastronomie von der Größe der Zoo-Gastronomie ist das ein vorbildlicher Schritt. Weiter so und mehr davon!

Die Bockwurst sollte man gegessen haben, idealerweise vom Café Almira direkt am Elefantenpark, einer der größten Attraktionen des Zoos. Während die Pänz den Spielplatz unsicher machen, können Sie die Wurst genießen und wunderbar auf den Elefantenpark blicken. Dieser wurde am 9. September 2004 eingeweiht. Der Bau für Asiatische Elefanten kostete rund 15 Millionen und gilt als vorbildlich. Damit die Gelenke der Tiere geschont werden, wurde sogar trittdämpfender Sand aus der Sahara verwendet. Man kann auch die Patenschaft für einen Elefanten übernehmen, wenn 5.000 Euro in der Portokasse sind – die für einen Pfeilgiftfrosch gibt es schon für 50 Euro.

Eine andere Möglichkeit, wenn es um die Wurst gehen soll, ist die Hacienda »La Danta del Oro« zwischen dem Ameisenbär-Gehege und den Tapiren. Von Südamerika aus kann man sogar bis nach Afrika zu den Okapis schauen.

Adresse Riehler Straße 173, Riehl, Tel. 0221/56799100 | **Öffnungszeiten** April–Okt. 10–17.45 Uhr | **ÖPNV** Linie 18, Haltestelle Zoo/Flora | **Internet** www.koelnerzoo.de

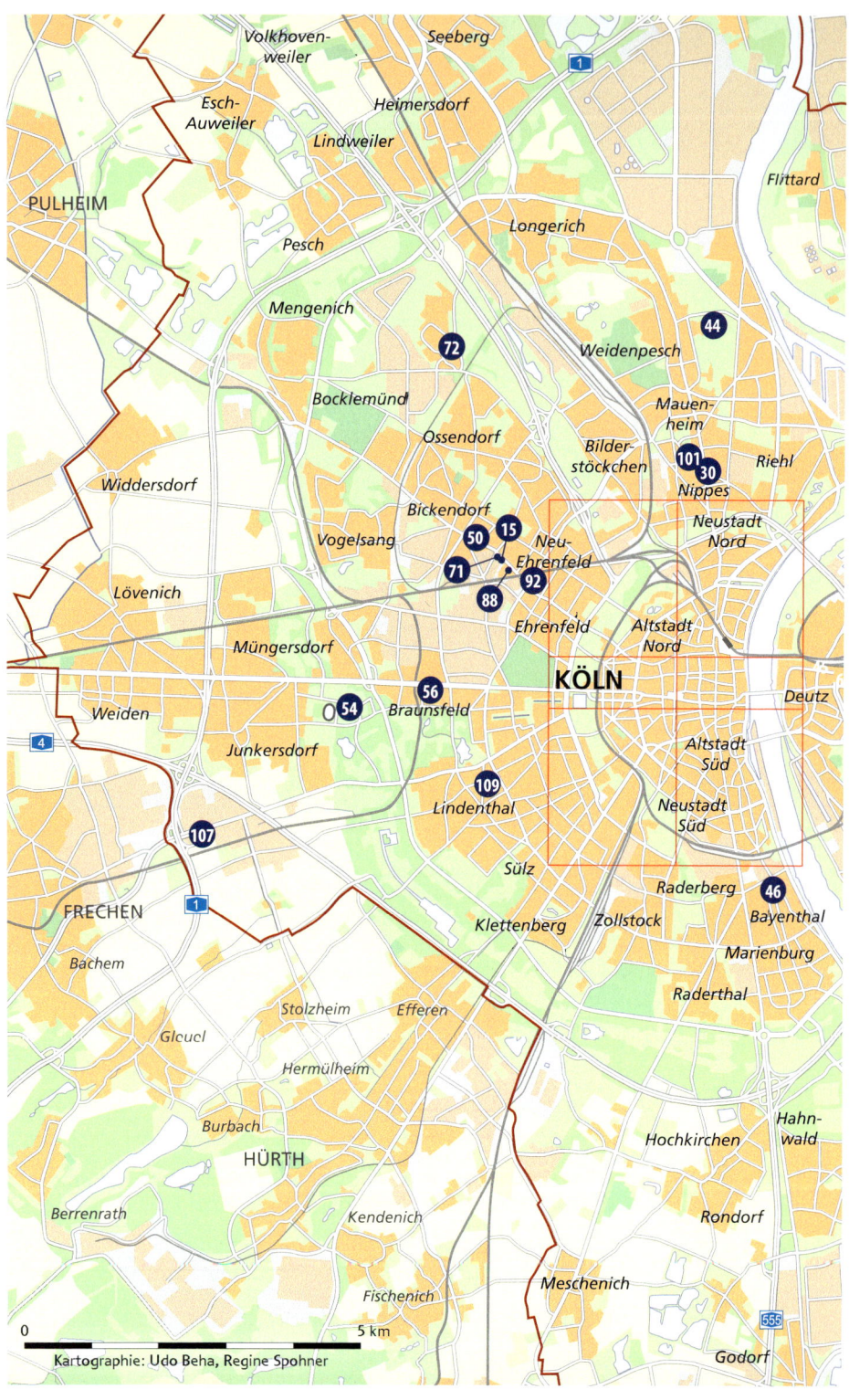

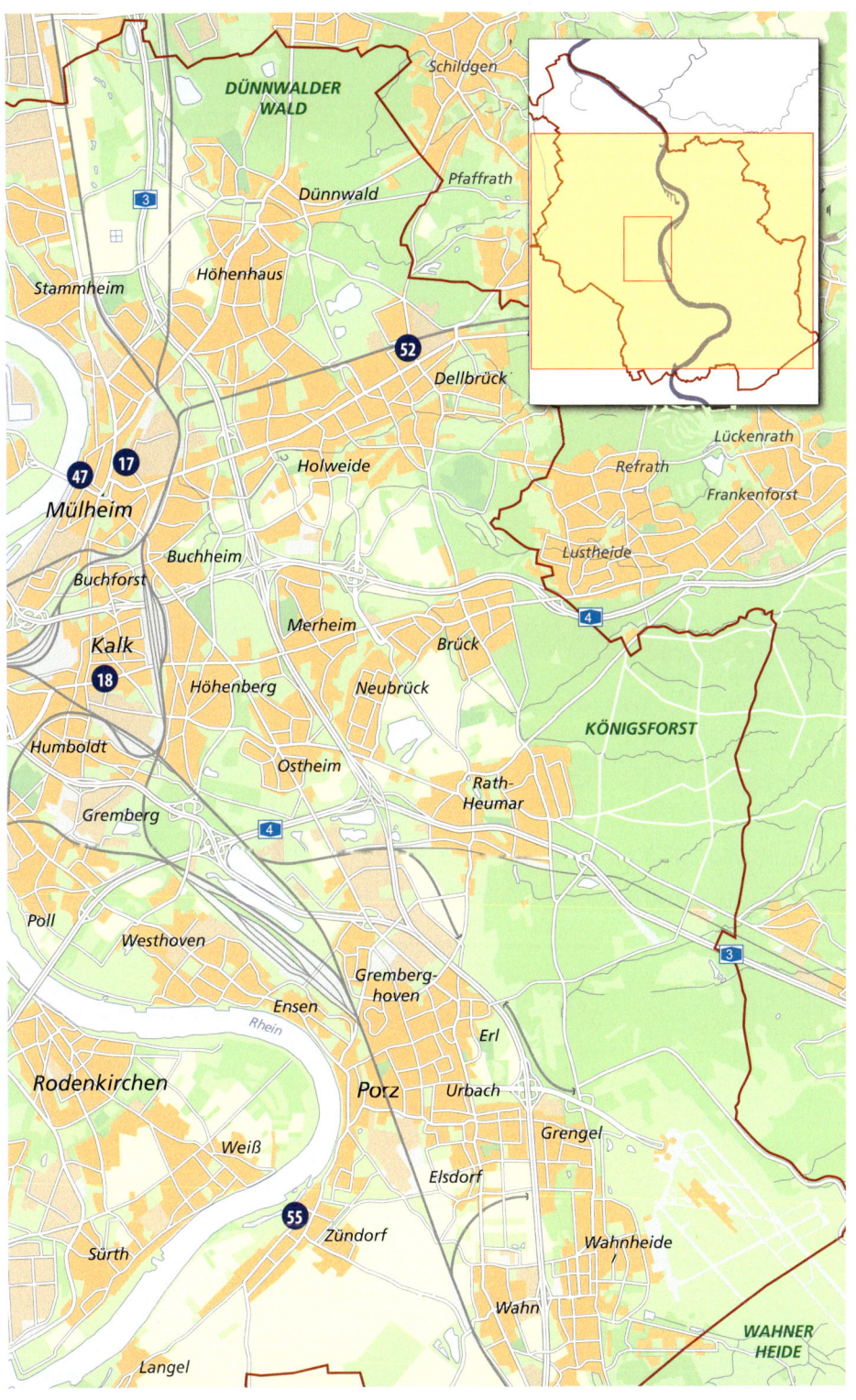

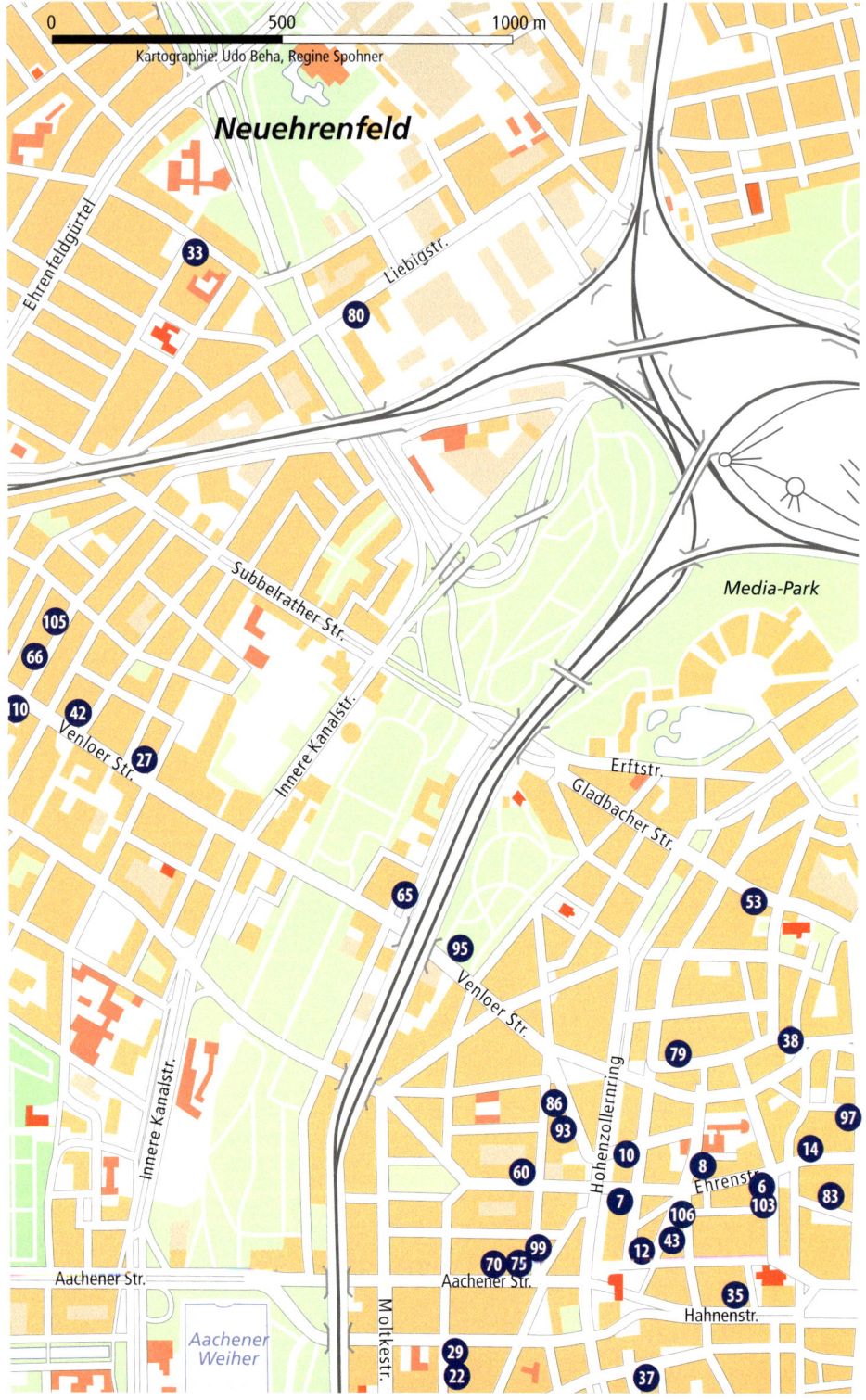

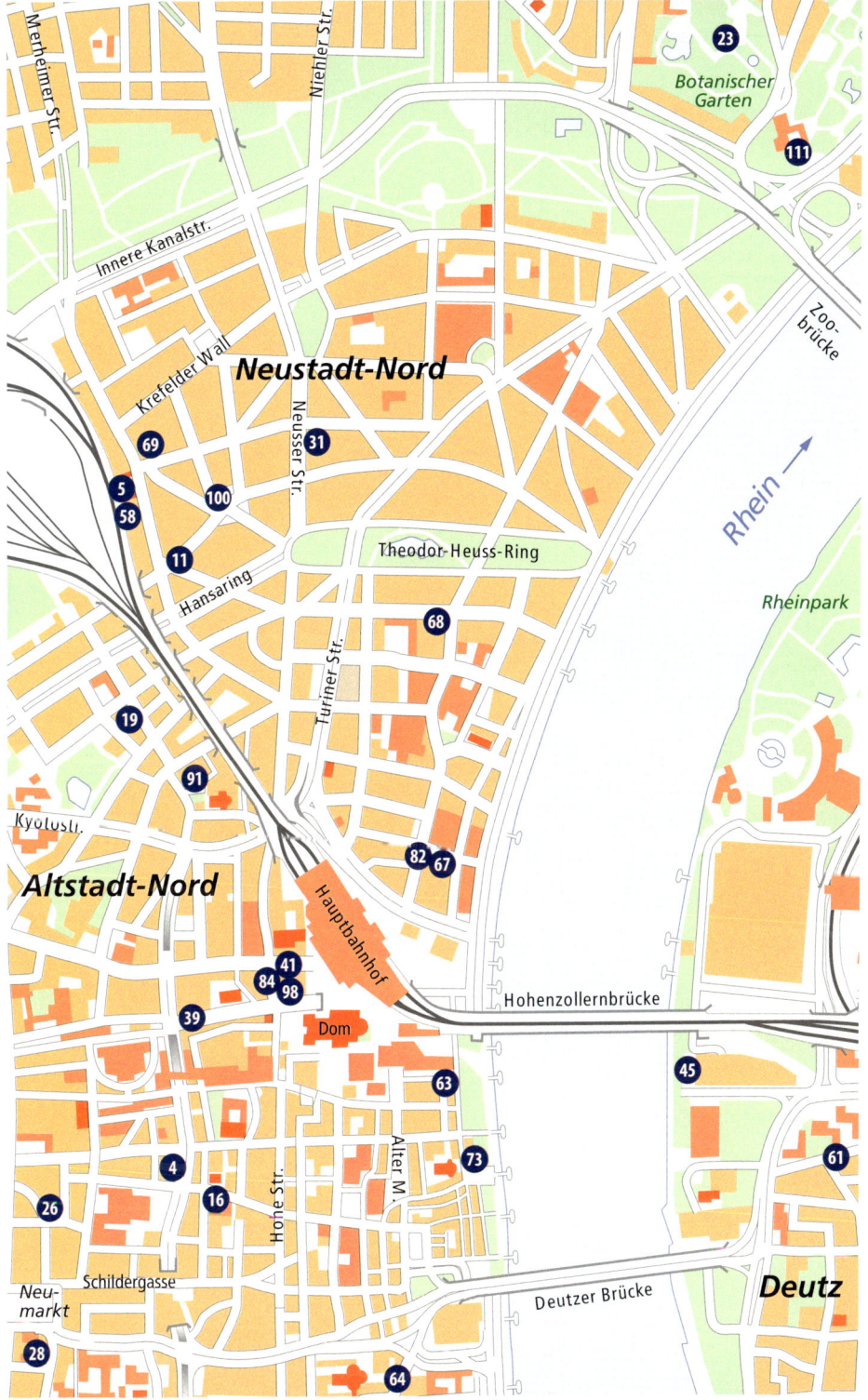

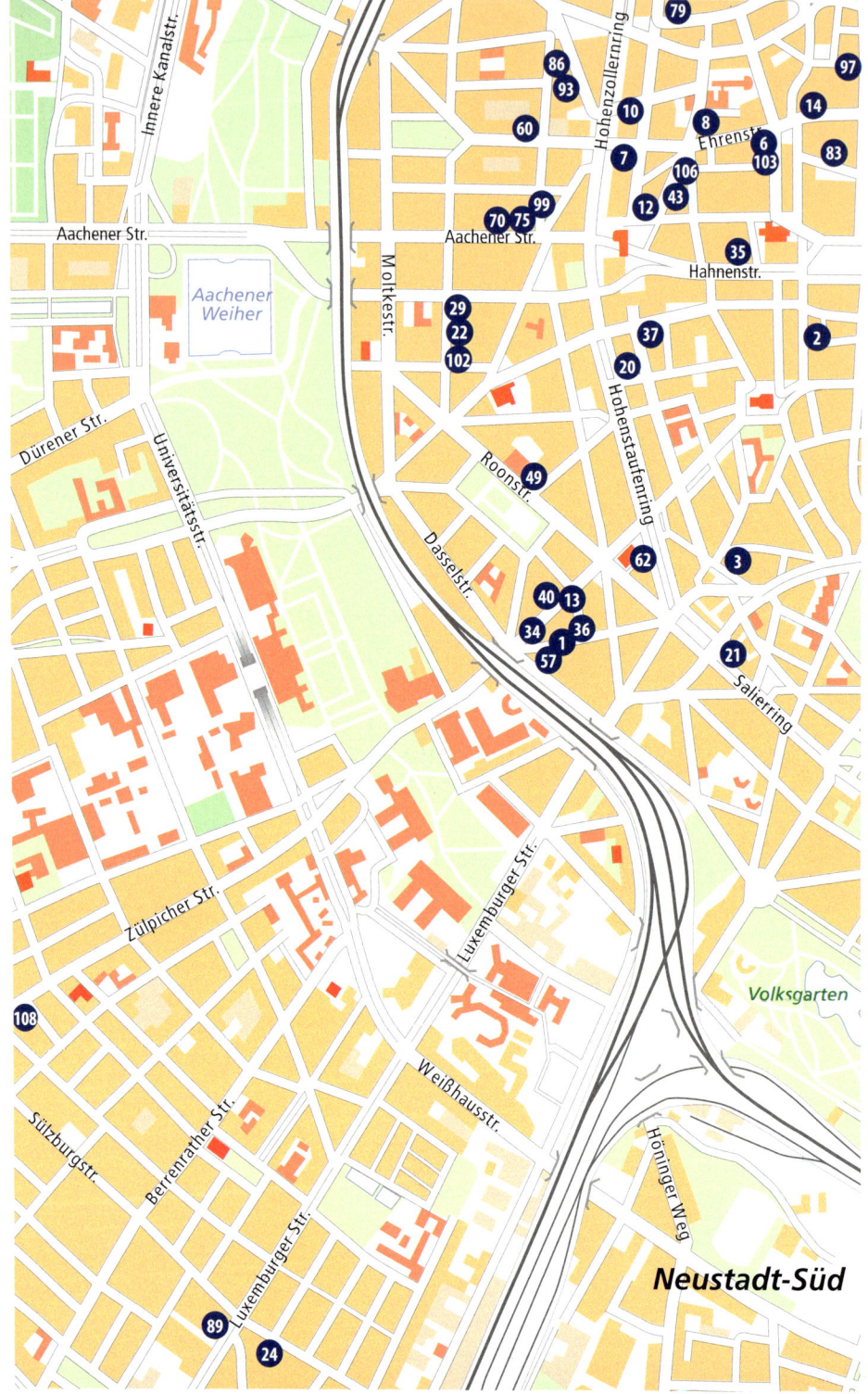

Bernd Imgrund
111 deutsche Wirtshäuser, die man gesehen haben muss
ISBN 978-3-95451-080-1

Fede & Tinto
111 Weine aus Italien, die man getrunken haben muss
ISBN 978-3-95451-861-6

Carsten Sebastian Henn, Tobias Fassbinder
111 deutsche Weine, die man getrunken haben muss
ISBN 978-3-95451-465-6

Thomas Fuchs
111 deutsche Biere, die man getrunken haben muss
ISBN 978-3-95451-414-4

Luisanna Messeri, Maddalena Messeri
111 Rezepte aus Italien, die man gekocht haben muss
ISBN 978-3-95451-863-0

Bernd Imgrund, Thilo Schmülgen
111 Kölner Kneipen, die man kennen muss
ISBN 978-3-89705-838-5

Bernd Imgrund, Tobias Fassbinder
111 Whiskys, die man getrunken haben muss
ISBN 978-3-7408-0242-4

Gerd Wolfgang Sievers
111 Orte der Wiener Küche, die man erlebt haben muss
ISBN 978-3-95451-337-6

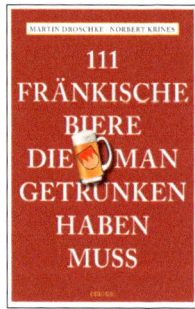

Martin Droschke, Norbert Krines
111 fränkische Biere, die man getrunken haben muss
ISBN 978-3-95451-922-4